Klaus Pracht

Holzwerken

Klaus Pracht

Holzwerken

Sägen · Bohren · Feilen

Ideen · Techniken · Beispiele

AUGUSTUS VERLAG AUGSBURG

CIP-Titelaufnahme der Deutschen Bibliothek

Pracht, Klaus:
Holzwerken: sägen, bohren, feilen; Ideen, Techniken, Beispiele / Klaus Pracht. (Mitarb.: Lorenz Riethmüller ...). – Augsburg: Augustus-Verl., 1990
ISBN 3-8043-2729-X

Umschlagentwurf: Klaus Neumann, Wiesbaden
Layout: Anton Walter, Gundelfingen
Lektorat: Günter Wiegand, Kronberg-Oberhöchstadt

Mitarbeiter dieses Buches:
Lorenz Riethmüller, Innenarchitekt
Uda von Osterburg, Fotografin
Ilse Schaarschmidt, Designerin

AUGUSTUS VERLAG AUGSBURG

Gesamtherstellung: Appl, Wemding
Printed in Germany
ISBN 3-8043-2729-X

Vorwort

Gut gearbeitete Dinge aus Holz nimmt man gerne in die Hand. Holz ist ein natürlicher Werkstoff, der mit seinen unterschiedlichen Maserungen und Farbtönen nie langweilig wirkt. Er läßt sich leicht bearbeiten, auch mit einfachen Werkzeugen.

Die erforderlichen Techniken kann jeder mit ein wenig Übung erlernen. Nur mit Sägen, Bohren und Feilen können sehr verschiedenartige, interessante Dinge gefertigt werden, vom einfachen Baustein bis zum kunstvoll verzierten Schmuckkästchen.

Die Herstellung läßt sich sehr vereinfachen, indem man vorgefertigtes Material wie Leisten, Stäbe und Brettchen kauft und vielleicht auch vom Tischler in den erforderlichen Maßen zuschneiden läßt. Die Eigenleistung bleibt dabei nicht auf der Strecke, denn das Verleimen von Bausteinen zu Figuren, das Entwerfen von Mustern, die Gestaltung von Oberflächen bietet genügend Raum zur Entfaltung der eigenen Kreativität.

Die vorgestellten Modelle sollen nicht einfach nachgebaut werden, sondern zur Entwicklung eigener Ideen anregen.

Voraussetzung für ein gutes Ergebnis ist neben der gestalterischen Seite eine exakte handwerkliche Ausführung. Die sechs Flächen eines Würfels müssen am Ende genau gleich, Bohrungen rechtwinklig ausgeführt sein. Beim Feilen muß das Werkzeug ruhig und sicher mit beiden Händen geführt werden. Schnell ist das Werkstück sonst mit einem Stoß verdorben.

In jedem Fall ist darauf zu achten, daß das Werkstück sicher eingespannt ist, damit es bei der Arbeit nicht verrutscht. Um exakt sägen zu können, kann die Anfertigung einer Schneidelade nötig sein. Die Werkzeuge müssen sich in einem guten Zustand befinden. Nur mit scharfen Sägeblättern und Bohrern und mit sauberen Feilen werden exakte Ergebnisse erzielt.

So wird die Anwendung der gezeigten Techniken in mehrfacher Hinsicht von Nutzen sein. Zum einen werden die handwerklichen Fähigkeiten geschult und vervollkommnet. Zum anderen wird die Kreativität herausgefordert beim Erfinden neuer Formen und Ornamente. Schließlich haben die Dinge, die beim Holzwerken entstehen, spielerischen oder praktischen Wert und, wenn sie gelungen sind, ästhetischen Reiz.

Inhalt

1 Sägen

Unter Mitarbeit
von Ilse Schaarschmidt

Das Schneiden und Kleben
von Würfeln und Dreiecken

Entwicklung von Spielzeug
vom Baukasten zum Schachspiel

2 Bohren

Unter Mitarbeit
von Uda von Osterburg

Das Bohren und Fügen
von Kant- und Rundhölzern

Ein Baukasten
mit drei Ausbaustufen

3 Feilen

Unter Mitarbeit
von Lorenz Riethmüller

Das Feilen und Formen
von Kanten und Flächen

Ornamentgestaltung
an Dingen des Alltags

1 Sägen

Unter Mitarbeit von Ilse Schaarschmidt

Das Schneiden und Kleben von Würfeln und Dreiecken

Entwicklung von Spielzeug vom Baukasten bis zum Schachspiel

Holzbausteine in Form von Würfeln, Stäben und Dreiecken sind die Grundelemente dieses Kapitels. Das Ausgangsmaterial bilden einfache Holzleisten aus Kiefern- oder Fichtenholz mit quadratischem oder dreieckigem Querschnitt. Die erforderlichen handwerklichen Techniken sind einfach: Sägen und Schleifen. Es kommt allerdings auf sehr genaues Arbeiten an, damit die Würfel auch tatsächlich gleiche Kantenlänge aufweisen.

Das Werkzeug für die Herstellung und Bearbeitung der Bausteine ist in jeder Hobbywerkstatt vorhanden: Handsäge mit Schneidelade, Feile oder Schleifpapier mit Schleifklotz, Kleber. Die Handsäge läßt sich durch eine kleine Tischkreissäge ersetzen.

Bausteine mit einfachen, klaren Formen regen zum Spielen an, besonders wenn das Naturmaterial Holz mit seinen Jahresringen, seiner Maserung, seinen naturgegebenen Unregelmäßigkeiten eine gewisse Spannung zu der geometrisch regelmäßigen Form herstellt. Das Spiel mit Formen und Strukturen regt die Phantasie an. Von einfachen Reihungen und Additionen über flächige Kombinationen bis zu Figuren und Skulpturen gibt es unendlich viele Möglichkeiten der Variation.

Die hier gezeigten Modelle sollen nicht einfach zum Nachbau, sondern zum Abwandeln und Weiterentwickeln auffordern.

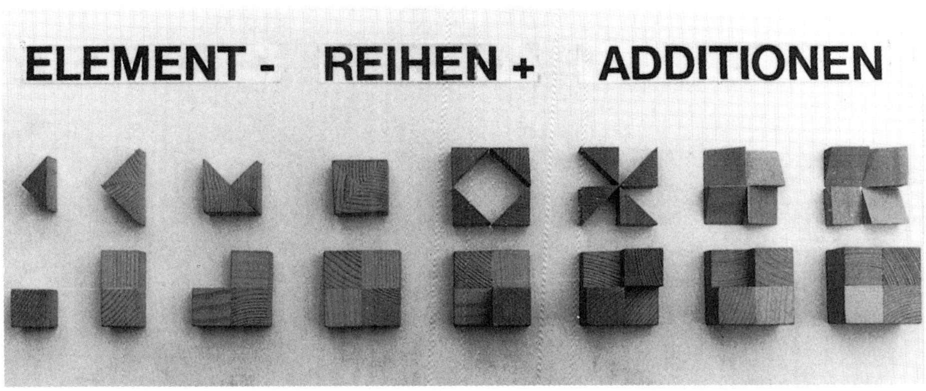

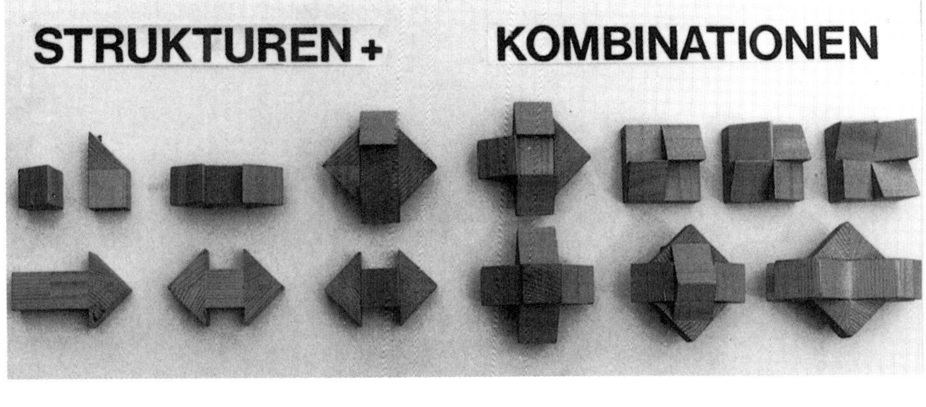

Liegende Bausteine

Bausteine können Stäbe sein, einfach und gleichförmig. Sie lassen sich zu unterschiedlichsten Formen und Figuren gruppieren.

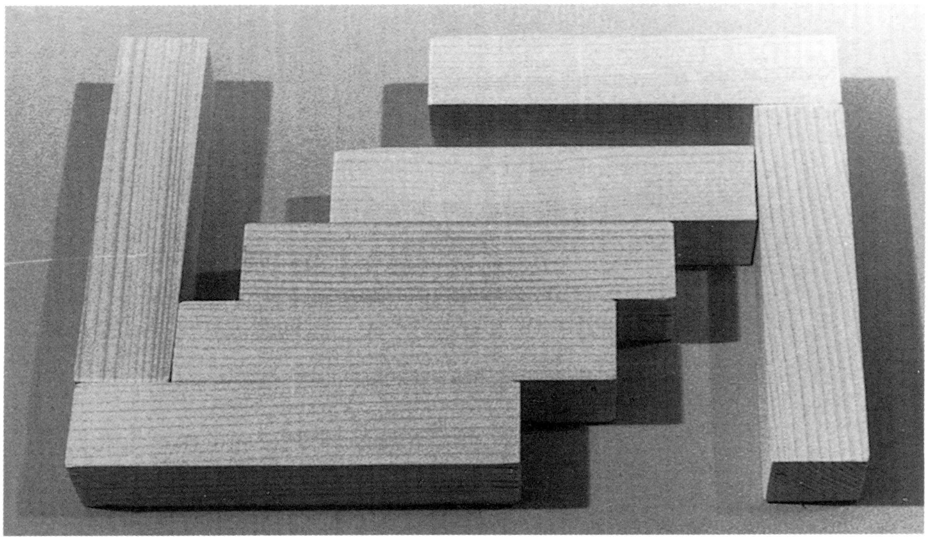

Liegende Stäbe sind im Gegensatz zu den stehenden nicht gefährdet, umzufallen.

Die Abstände der Stäbe untereinander, die Zwischenräume also, sind so variabel und interessant, daß sie wichtiger werden können als die Stabform.

Die Figuren aus den Stäben wirken statisch oder dynamisch, geschlossen oder fortlaufend.

Stehende Bausteine

Stehende Stabkonstruktionen erfordern baukünstlerisches Geschick. Auch mit relativ wenigen Elementen sind schöne Kompositionen möglich.

Stabkonstruktionen sind Vorbilder für Arbeiten auch großer Architekten. Max Bill, einst Leiter der Ulmer Schule für Gestaltung, fertigte z.B. für Zürichs City eine Anlage aus solchen einfachen Elementen. Sie lädt ein zum Durchgehen wie zum Sitzen und wird von alt und jung angenommen.

Stäbe und Würfel

Das Reizvolle an den Elementen ist einmal die Tatsache, daß sie so einfach sind und sich leicht selbst herstellen lassen. Zum anderen bringt die Kombination von Stäben und Würfeln sehr viele spielerische und gestalterische Möglichkeiten.

Im Block zusammengestellt, verlockt der Bausteinsatz zu Variationen. Man genießt aber allein schon den Wechsel zwischen Lang- und Hirnholz, Quadraten und Rechtecken. Einen Kasten für die Bausteine selbst herzustellen, ist sehr einfach.
Die Pappe darf nicht zu dick sein, damit man sie noch gut mit dem Messer oder Cutter schneiden kann. Sie muß aber doch stark genug sein, damit sie nicht ausbeult und die Kanten stumpf zusammengeklebt noch Halt finden.

Das freie Spiel mit den Bausteinen führt zu geschlossenen wie offenen Kombinationen. Stehende Konstruktionen sind in der Höhe hinsichtlich der Stabilität begrenzt. Sie lassen die Zwischenräume als Öffnungen erscheinen, haben Transparenz.
Die Formen werden in ihrer Wirkung durch das Schattenspiel gesteigert.

Räumliche Kombinationen wirken plastisch, die Durchblicke sind sehr unterschiedlich. Die Beschränkung der Konstruktionen auf nur zwei Grundelemente diszipliniert den „Baumeister", der sehr auf Optimierung achten muß.

Bei liegenden Kombinationen entstehen schon allein durch das Verschieben der Bausteine Entwürfe und Figuren. Vieles ergibt sich dabei spielerisch.

In Versatz auf Lücke ergeben dieselben Elemente und gleichen Sprünge ein völlig anderes Bild als die Kombination im Bild unten.

Auch Designer bedienen sich bei Flächengestaltungen nicht selten solcher spielerischer Mittel.

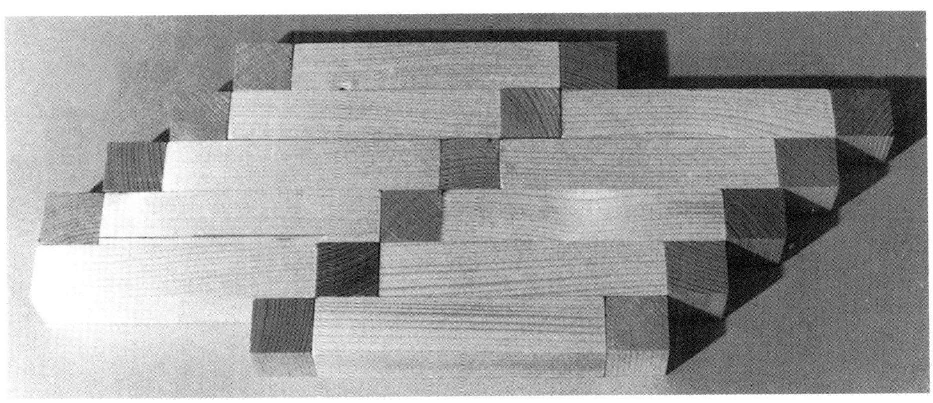

Zusammengeleimte Würfel

Mit Würfeln, die teilweise zusammengeleimt sind, lassen sich interessante Konstruktionen entwickeln. Einmal verrutschen zusammengeleimte Würfel nicht so schnell, zum anderen können sie nicht nur gerade oder schräg stehen, sondern auch auf den Kanten. Das untere Bild zeigt alle Elemente, die in den Kasten von 3x3x3 Würfeln passen.

Zweifach zu Winkeln übereck verleimt, sind die Elemente so ausgereift, daß Konstruktionen immer schnell aus der Fläche heraus in die dritte Dimension weitergeführt werden. Der Wechsel zwischen Hirn- und Langholz unterstreicht die Plastizität der Würfelkonstruktion.

Strukturspiel aus Steckelementen

Die Elemente des Steckspiels bestehen aus miteinander verleimten Würfeln. Unter Hinzufügung von Dreiecken ergibt sich eine Vielfalt von Kombinationen, die sich mit Würfelstäben zusammenstecken lassen.

Kreuzformen und Würfel sind die klassischen Grundformen dieses Strukturspiels.

Faltwerke entstehen, wenn Dreieckkörper wechselweise untereinander oder in Verbindung mit Würfeln angeordnet werden.

Dachformen ergeben sich, wenn die Dreiecke nach auswärts geneigt sind.

Scheiben entstehen aus der Verbindung von Würfeln und Dreiecken, wenn alle Eckpositionen aus Würfeln gebildet werden.

Stäbe und Scheiben lassen sich zusammenstecken und so miteinander verbinden.

Kompositionen der gezeigten Elemente ergeben sich aus der Möglichkeit, daß sich alle miteinander verbinden lassen einmal direkt mit Öffnungen und Vorsprüngen, zum anderen mit den Würfelstäben.

Flachrelief variabel

Die Fertigung ist denkbar einfach: Gleichgroße Hirnholzwürfel werden zu einer Fläche zusammengelegt, die Randsteine werden miteinander verklebt. Sie halten die übrigen Würfel in der Mitte eingeklemmt, die somit variabel, das heißt in der Höhe verschiebbar sind.

Bei vorsichtiger Handhabung und nicht allzu großen Höhenunterschieden halten die Würfel allein durch die Reibung. Bei liegenden Reliefs kann es nötig werden, einzelne Würfel zu unterstützen.

Bei gleichförmiger Gliederung wirkt das Relief sehr ruhig. Die Würfel sind in regelmäßigem Wechsel nach oben geschoben, was ein schachbrettartiges Muster ergibt. Kreative Menschen fühlen sich leicht herausgefordert, den einen oder anderen Würfel herunterzudrücken, so wird daraus schnell ein Spiel.

Bei freier Gestaltung hat das Relief unterschiedliche Ebenen.
Sie ergeben ein lebendiges Bild, das aber – infolge des Würfelrasters – dennoch geordnet erscheint.

Die Schattenwirkung ist sehr unterschiedlich, je nachdem, ob die Reliefs stehen oder liegen.

Wird nur ein Teil der Relieffläche gegliedert, so kann auch dies regelmäßig oder frei erfolgen. Der Kontrast zur geschlossenen Fläche ist dann sehr stark.

Reliefplatten

Fest miteinander verleimte Würfel und Dreiecke können wie plastische Wandbilder sehr dekorative Reliefplatten ergeben. Die Elemente liegen in einer Ebene oder sind nach vorn oder hinten verschoben.

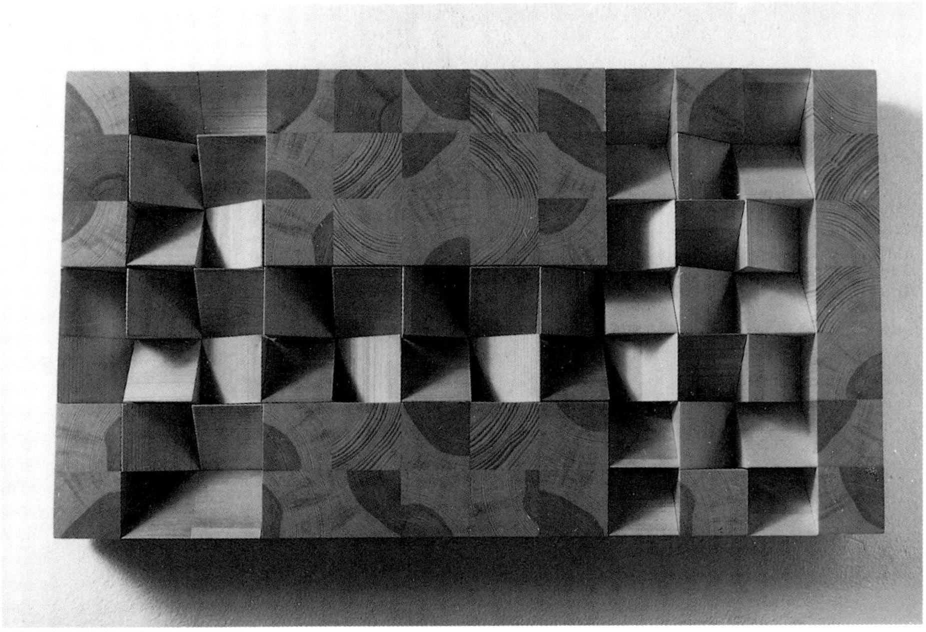

Die Wirkung der Komposition beruht sowohl auf dem Ornament, das aus den Würfeln und Dreiecken gebildet wird, als auch auf deren Stellung zueinander: Sie liegen oder stehen, sind gereiht oder gedreht, im rechten Winkel oder umgekehrt zueinander.

Auch das Material bestimmt die Wirkung des Reliefs. Die Kiefernholzklötze mit ihrer kräftigen Hirnholzstruktur unterscheiden sich nicht nur durch die hellen und dunklen Jahresringe, sondern auch durch deren Richtung.

Das Buchenholz zeigt zwar keine Unterschiede zwischen Kern und Splint und hat keine deutlich sichtbaren Jahresringe, dafür aber andere wachstumsbedingte Verfärbungen, die interessant wirken.

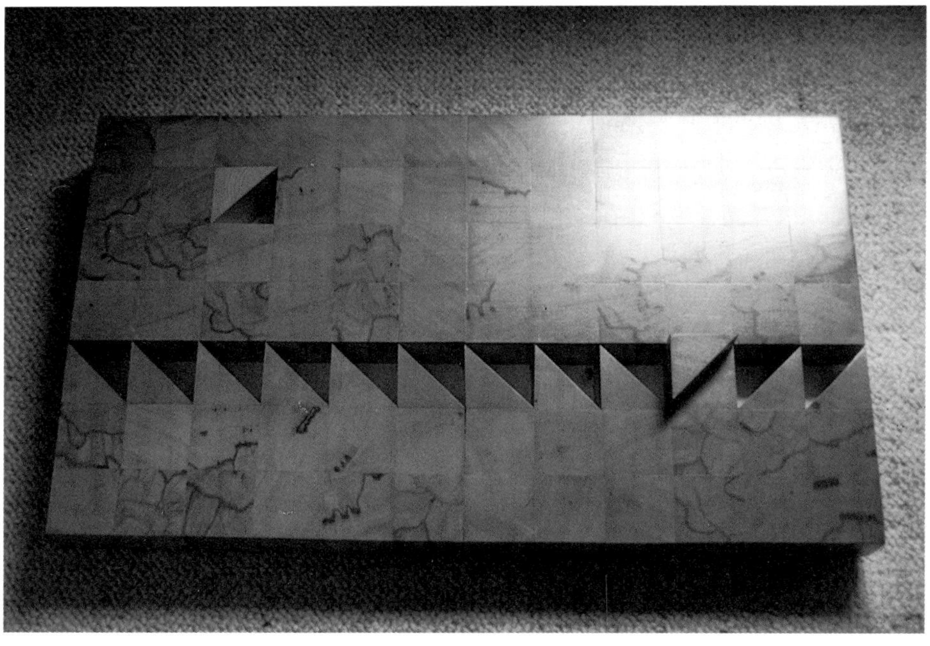

Tischplatte

Die Tischplatte besteht wie die Reliefplatte aus Kiefernholzklötzen, ist aber eine geschlossene Fläche und hat damit den praktischen Vorteil, als Nutzfläche zu dienen.

Das Holz stammt aus der Parkett- und Hirnholzbodenindustrie, die über so gut getrocknete Hölzer verfügt, daß sie sich auf diese Weise verleimen lassen.

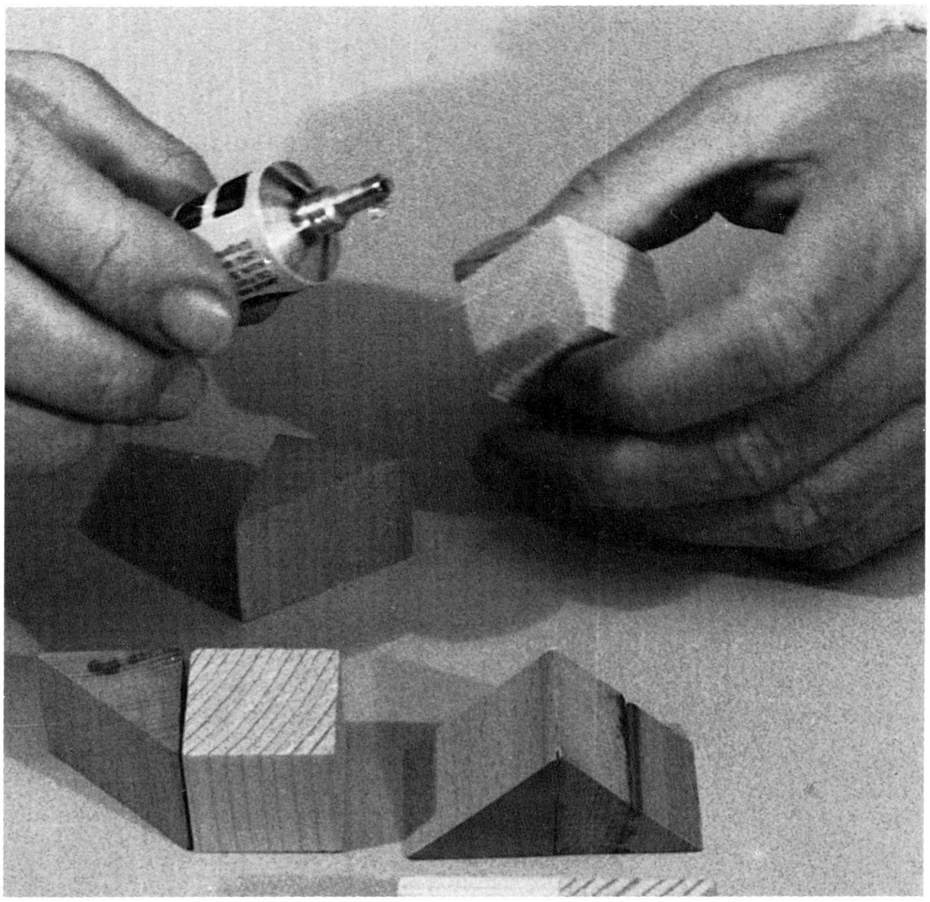

Kerzenständer

Als Tischdekoration lassen sich die Kerzenständer einzeln oder zu großen Arrangements zusammengesteckt verwenden. Die Bauelemente bestehen aus jeweils einem Würfel und zwei Dreieckkörpern an zwei gegenüberliegenden Seiten. Die Teile werden miteinander verleimt. Die Würfel erhalten zum Teil seitlich oder oben ein Loch für die Kerzen.

Räumliche Kombinationen ergeben sich, wenn die Elemente liegend und stehend im Wechsel zusammengesteckt werden.

Große Leuchter erhalten zusätzlich noch seitlich angesteckte freischwebende Elemente zur Dekoration.

Flächige Kombinationen ergeben sich aus dem einfachen Zusammenschieben der Elemente mit der Breitseite nach unten.

Eine Reihe bilden die Elemente durch den wechselseitigen Kontakt der Dreieckwangen aneinander.

Ein Kreuz wird zwischen den Elementen gebildet, wenn vier davon gegeneinandergeschoben werden.

Ein Stern entsteht zwischen 8 Elementen, wenn sie so einander zugeordnet werden, daß sie sich nur mit den Kanten berühren.

Eine Fläche mit kleinen quadratischen Öffnungen bildet sich, wenn die Elemente in Reihen versetzt gegeneinandergeschoben werden.

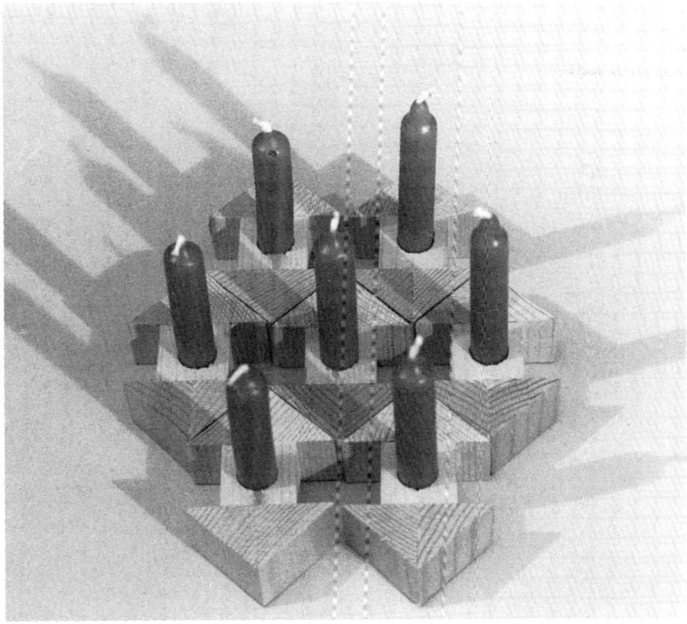

Figuren

Häuser vieler Art lassen sich aus Würfeln und Dreiecken bilden. Es gehört nicht viel Phantasie dazu, sich unter den Gebilden rechts oben ein Wohnhaus, eine Scheune, Kirche oder Kapelle bzw. einen Bildstock vorzustellen.

Bäume gehören zu den Häusern und Menschen. Durch sie werden Gruppen gebildet und Räume optisch geschlossen. Hier wurden Tannen in ihren Größen variiert.

Menschen erkennt man wohl aus den Figuren auf beiden Seiten unten. Die großen links haben die Arme einladend ausgestreckt. Mit ihren großen Hüten können sie leicht als Fischer gedeutet werden. Die kleinen Figuren rechts bewegen die Arme in verschiedene Richtungen, sind groß und klein, schlank oder dick. Kinder haben Phantasie genug, darunter Mann und Frau, Jungen und Mädchen, ja sogar Babies zu erkennen.

Häuser

Bäume

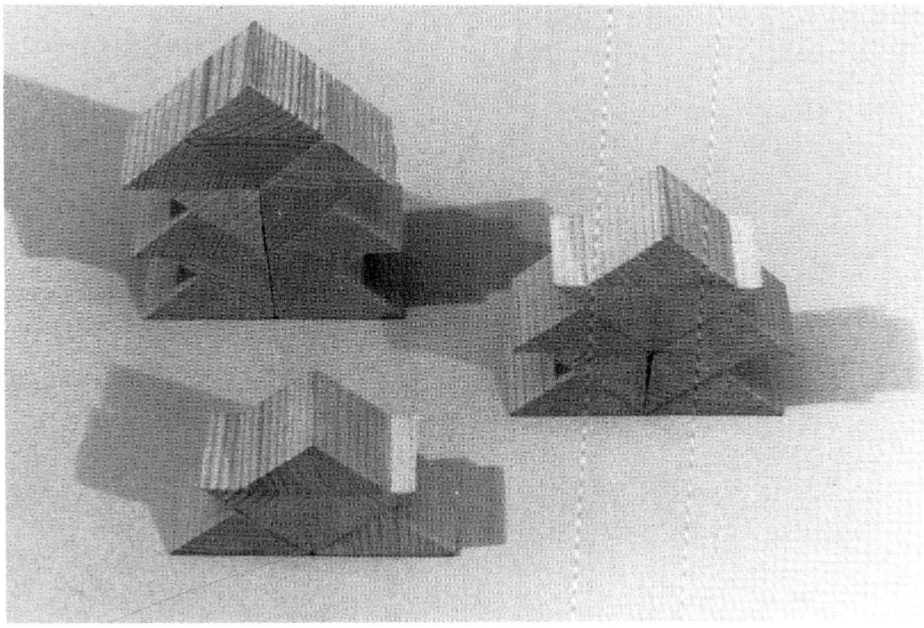

Menschen

Figuren

Auch **Tiere** ergeben sich aus dem Spiel mit den Holzdreiecken und Würfeln, z.B. die Fische, die hier unten in verschiedenen Größen einherschwimmen.
Leicht läßt sich aus diesen dreien ein Mobile machen.

Die rechte Seite zeigt oben bellende und liegende Hunde und ein kleines Pferd.

Die Raupe in der Mitte kann sich durch Umdrehen in einen Drachen verwandeln. Das Kamel mit einem Höcker ist natürlich ein Dromedar.

Unten sind u.a. eine Giraffe und ein Esel zu sehen. Der Phantasie sind keine Grenzen gesetzt.

Tiere

Hausgruppe am Hang

Ein Ferienhaus in den Bergen lieferte das Vorbild für die hier gezeigte Hausgruppe. Da der Hang eine Neigung von 45° aufwies, ließ sich die Gruppe aus Dreiecken und Würfeln leicht nachbauen. Das Haus selber im Kern des Ensembles hat ein Satteldach mit einem Dreieckfenster im Giebel. Die ebenen Flächen wie Terrassen, Gartenpartien und Wiesen bestehen aus Würfeln.

Das kleine Kinderhaus, hinten oben am Berg, bildet mit den zwei großen Häusern auch in Wirklichkeit eine harmonische Gruppe. Das Modell wirkt mit seiner Rückseite bzw. Untersicht des Hanges wie bei einer guten Plastik ebenso interessant wie seine Hauptansicht.

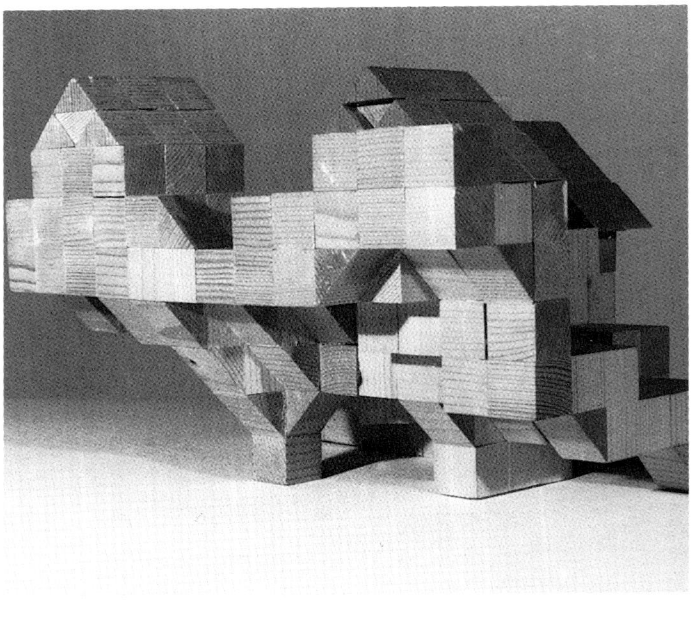

Hausgruppe mit Hof

Häuser müssen nicht immer in einer Reihe stehen, sie können auch um einen Hof herum angelegt sein. Um in ihn hineinzukommen, müssen Öffnungen gelassen werden. So entstehen Eingänge und Durchblicke.
Atriumhäuser können, wenn die Höfe groß genug sind und damit genug Licht hineinfällt, auch zwei bis drei Geschosse haben.

Die Dächer, hier aus Dreiecken gebildet, sind als Pultdächer gemischt angeordnet.
Der Entwurf einer solch differenzierten Hausgruppe wird in der Praxis gern am Modell getrieben. Das Spiel wird dann zum Ernstfall, dient der Entwurfsfindung, auch bei Fachleuten.

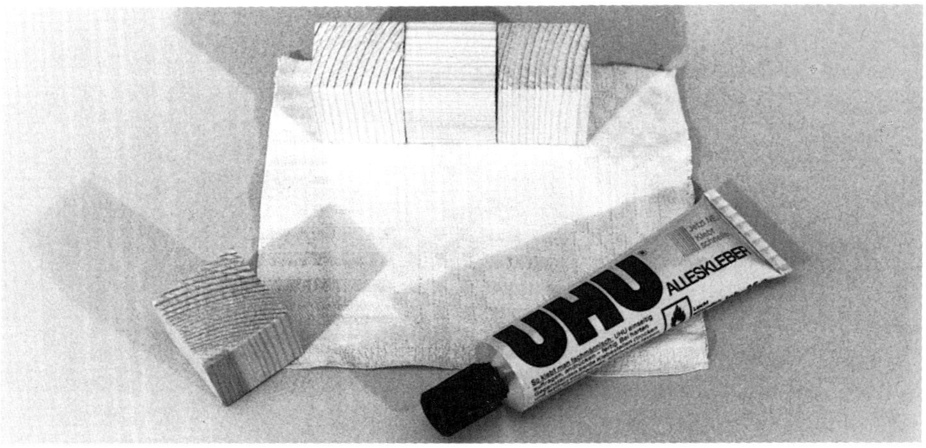

Würfel auf Leinwand

Stellt man Würfel lose aufeinander, fallen sie leicht um. Werden sie zum Teil fest miteinander verbunden, erhöht das zwar die Stabilität, schränkt aber die Vielfalt der Variationsmöglichkeiten ein. So entstand die Idee, Würfel beweglich miteinander zu verbinden.
Die Fertigung ist denkbar einfach. Die Würfel – im gezeigten Beispiel 64 – werden auf Leinwand oder Klebefolie aufgeklebt. Um sie nicht nur in einer Richtung klappen zu können, werden bei den größeren Teilen, wie auf der Zeichnung unten (verstärkte Linien) vorgeschlagen, Einschnitte vorgenommen.

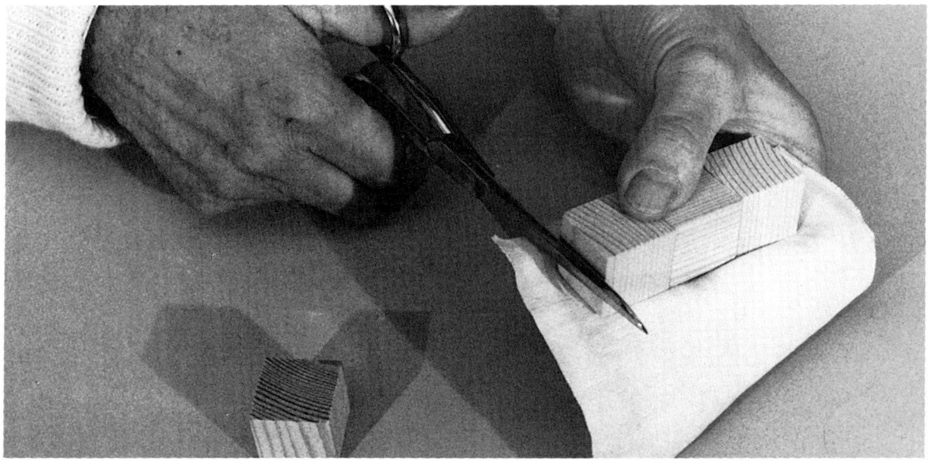

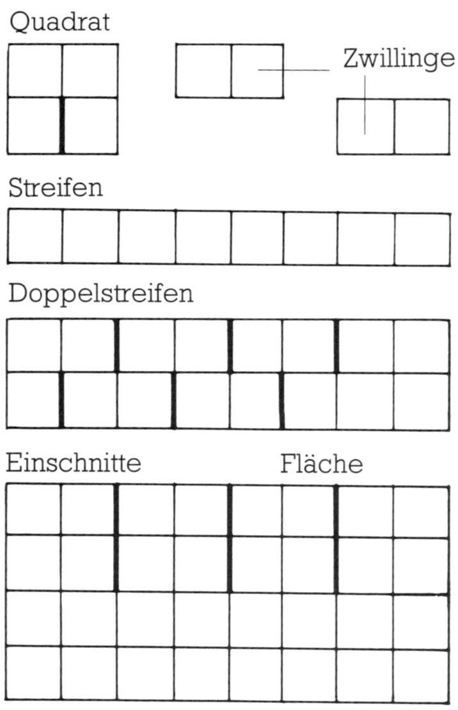

Der Baukasten hier besteht aus wenigen, aber doch genügend unterschiedlich großen Elementen. Die Flächen und Streifen sind relativ groß, die kleinen Teile bestehen aus zwei bzw. vier Würfeln.
Das Quadrat hat nur einen Einschnitt bis zur Mitte.

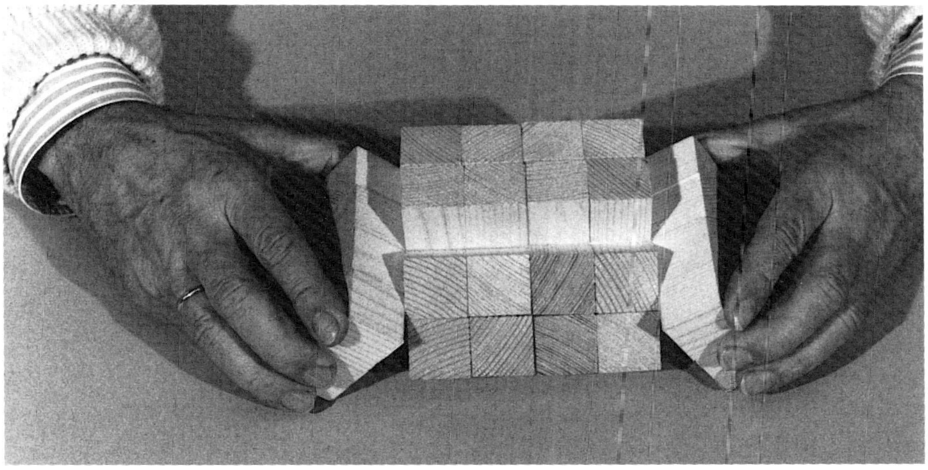

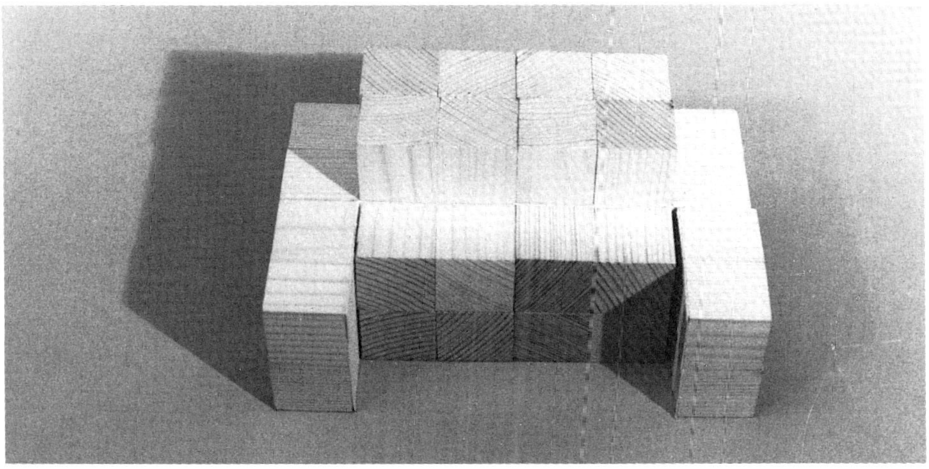

Die große Würfelfläche besteht aus 4 x 8 = 32 Würfeln. Sie hat drei Einschnitte, die jeweils zwei Würfel tief sind. Dadurch wird eine große Zahl von Variationen möglich. Die Abbildungen bieten eine kleine Auswahl.

Die große Fläche läßt sich leicht aufrichten und auch kreisförmig zusammenstellen.

Die Streifen, schmal und breit, bieten sich für den Brückenbau an. Die Zwillingsstücke lassen sich überall anhängen.

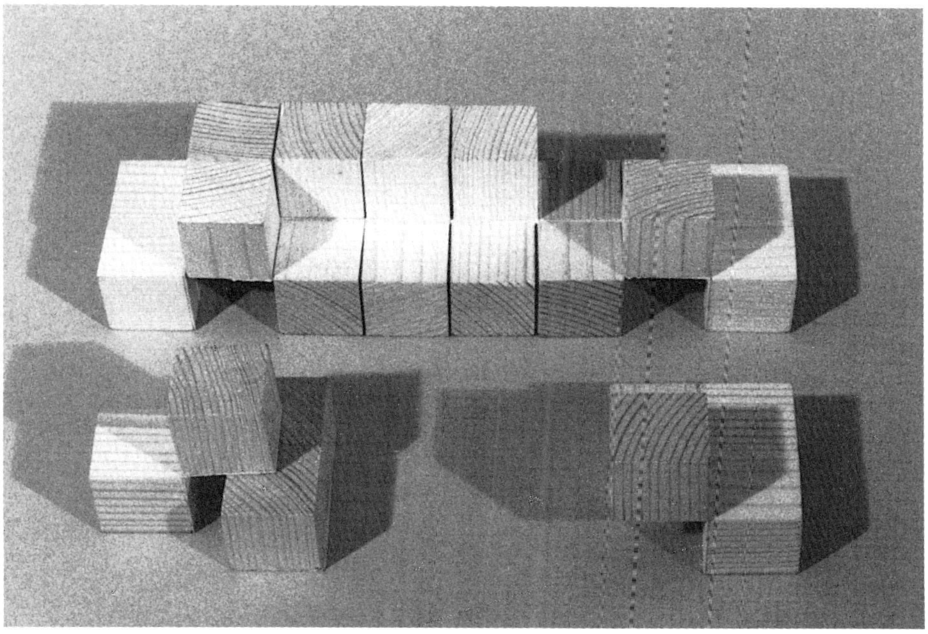

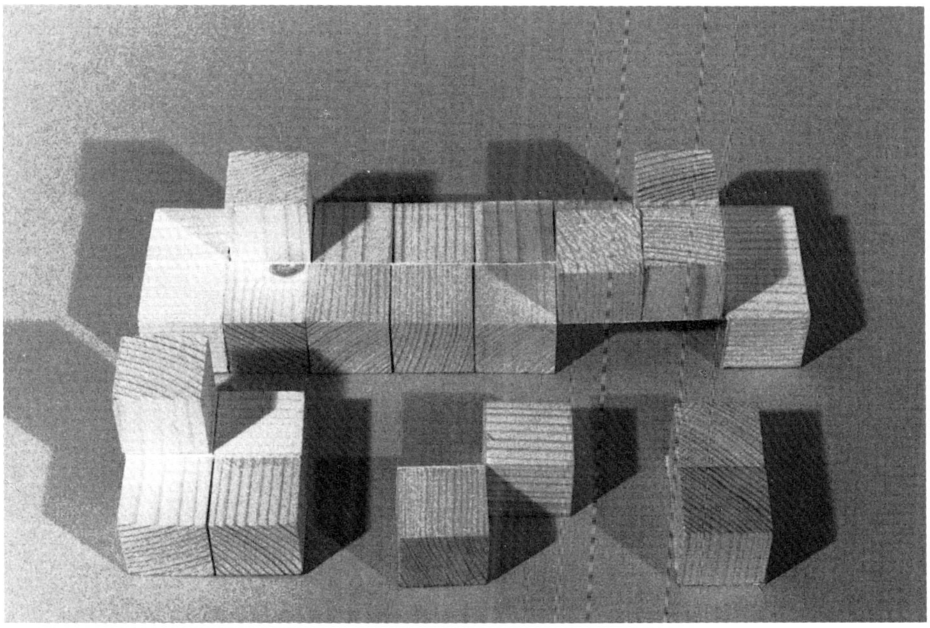

Bausteinkasten

Holzwürfel und zwei verschieden große Dreiecke sowie pultdachartige Elemente bilden die Bausteine dieses flachen, quadratischen Baukastens, in dem die Diagonalen Bedeutung haben.

Zwei der Pultdachelemente sind so durch Kleber miteinander verbunden, daß sie zusammengefaltet ein Satteldach, aufgeklappt eine Brücke bilden können.

Die 6 anderen Pultdachelemente, auf zweierlei Art zusammengeklebt, haben gegeneinandergestellte Dachflächen, in die andere Bausteine eingreifen können, ohne daß sie auseinanderrutschen.

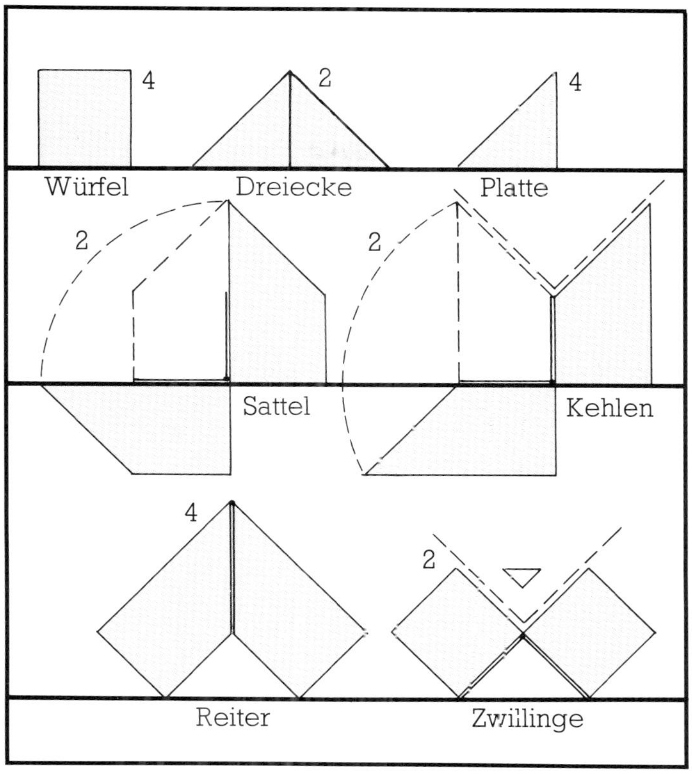

Vier der acht Würfel sind zu zwei Paaren so zusammengeklebt, daß sie auch auf den Kanten stehen können, um so anderen Bausteinen Aufnahme zu bieten.

Bausatz und Baukasten lassen sich sehr einfach selber herstellen; Würfel und Dreiecke, Pappe und Klebeband genügen.

Das Spiel mit den Bausteinen soll sich frei entwickeln, ebenso wie der Spieler selbst, der sich kreativ betätigt und damit entfaltet.

Stern und Mobile

Holzdreiecke lassen sich so aneinanderkleben, daß ein Stern entsteht. Der hier Abgebildete besteht aus 6 x 4 Dreiecken, wobei das Innere hohl bleibt. Die 6 Seitenteile werden im ersten Arbeitsgang vorgefertigt und dann erst zum Stern aneinandergeklebt.

Aus einem solchen Stern und weiteren kleineren frei gestalteten Gebilden, die ebenfalls aus Dreiecken oder Würfeln bestehen, läßt sich ein Mobile herstellen. Im Spiel von Licht und Schatten bei der Bewegung des Mobiles wirken die einzelnen Stücke sehr reizvoll und lebendig.
Die Leisten können recht dünn sein, so daß sie leicht gebogen sind; das gibt ihnen Schwung, auch im Stillstand.

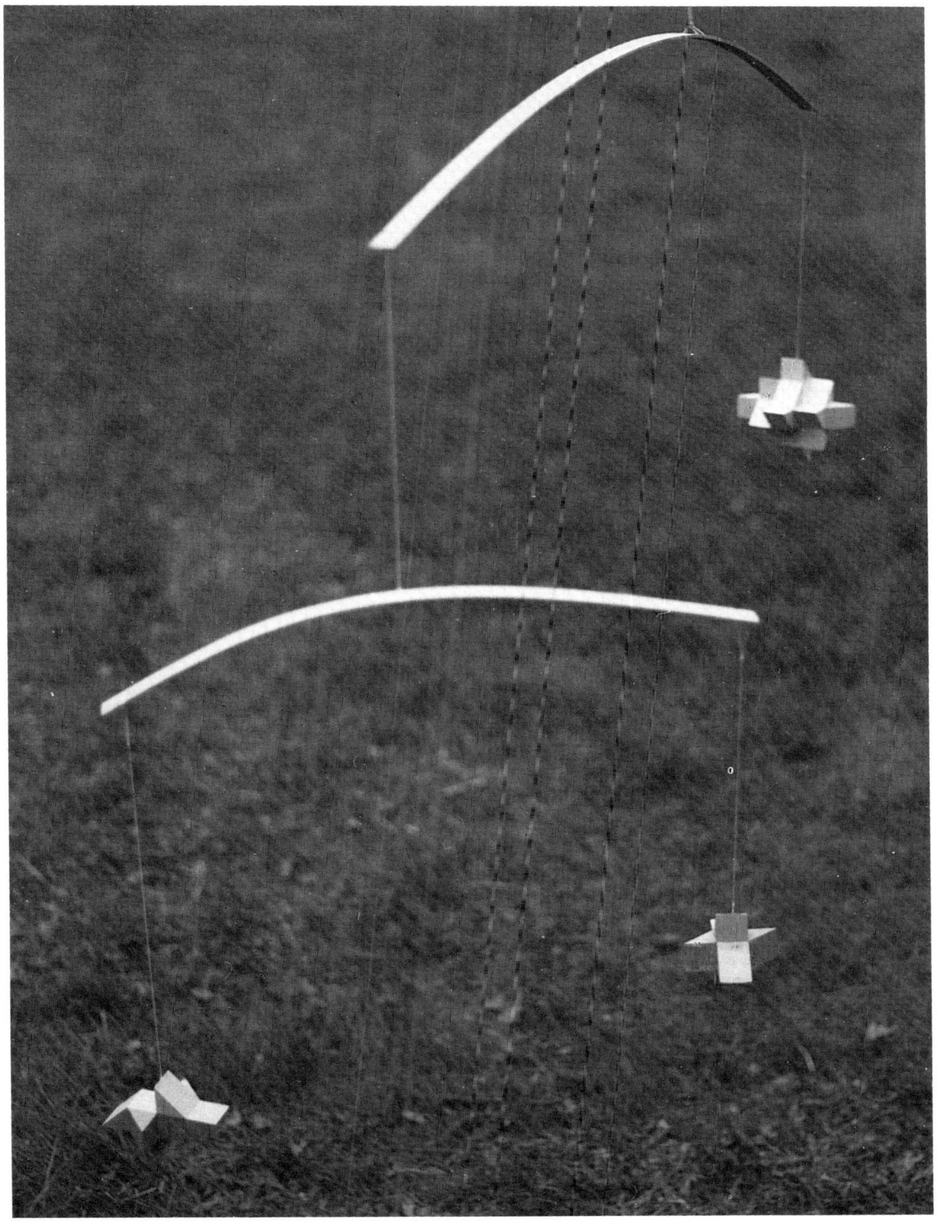

Steckbaukasten

Seinen Namen hat er zu Recht: Bausteine lassen sich zu Paaren zusammenstecken, nur so können sie im Kasten untergebracht werden. Eingeordnet ergibt sich eine geschlossene Fläche, nur der Griffstein ist offen und lädt zur Entnahme ein.

Die Bausteinpaare lassen sich leicht zusammenstecken, wenn sie bei der Herstellung, beim Trocknen des Klebers ineinandergesteckt werden.

Die Bausteinübersicht (mittlere Abbildung) gibt Form und Anzahl der einzelnen Bausteine wieder. Der Reiz des Baukastens beruht auf der Formgebung und auf der Struktur des verwendeten Holzes, wie vor allem die untere Abbildung zeigt.

Die Herstellung der Bausteine ist aus den Abbildungen gut ersichtlich. Die Würfel und Dreiecke aus Kiefernholz (Kantenlänge etwa 2,5 cm) sind miteinander verklebt.

Pultdachsteine

Doppeldachsteine

Quadrat Satteldachteil

Turm, innen mit gedrehtem Quadrat

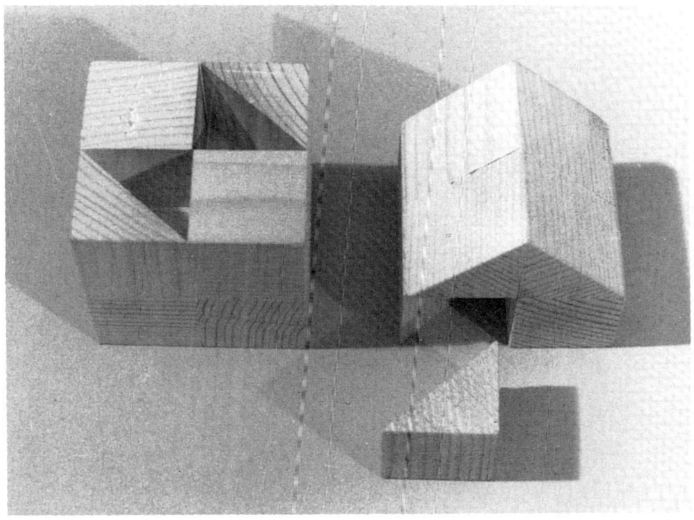

Griffstein Haus

Windmühle aus aufrechten

Zeltdächer einwärts und auswärts

Die Kompositionen beziehen sich auf die Welt des Bauwesens, z.B. Hausgruppen mit Turm

Pult- und Satteldachhäuser mit Mühle

Kirchenbauten mit verschiedenen Turmabschlüssen

Kerzenleuchter oder Holzplastik

Würfel und Dreiecke werden so aufeinandergeklebt und in der Höhe gestaffelt, daß eine wendeltreppenartige Plastik entsteht.

Die Aufsicht auf den Leuchter ist quadratisch, in der Mitte entsteht zwischen den Elementen eine ebenfalls quadratische Lichtsäule, in die oben eine Kerze eingeklemmt werden kann. Als Halt für sie wird ein Stück Metallrohr eingesetzt.

Das untere Ende steht einfach auf oder hat einen Sockel.

Die Abbildungen zeigen eine große Ausführung aus Würfeln von 6 x 6 cm als Osterleuchter für eine Kirche.

Kleines Schachspiel

Die Figuren werden für die helle Partei aus Kiefernholz, für die dunkle aus Buche hergestellt. Die Würfel und Dreiecke haben eine Kantenlänge von ca. 28 mm. Verklebt werden sie wie die Bausteine des Steckbaukastens. Das Brett besteht aus furniertem Sperrholz. Die Felder können aber auch leicht aus Klebefolien ausgeführt werden.

Der Kasten hat einen Tragriemen auf der Mittelwand, welche die Parteien trennt.

Die Unterbringung der Spielsteine im Kasten, kommt einem Puzzlespiel gleich:
Pferde und Läufer müssen ineinandergesteckt werden, sonst passen sie nicht hinein.

Das Ergebnis der Einordnung sollte auch ästhetischen Ansprüchen genügen:
Ein geschlossenes Flächenornament ist möglich, wie man auf der rechten Seite oben bei der eingeräumten Partei sehen kann.

Die Figuren des Schachspiels: ein König, zwei Türme, eine Königin, zwei Läufer, acht Bauern, zwei Pferde.

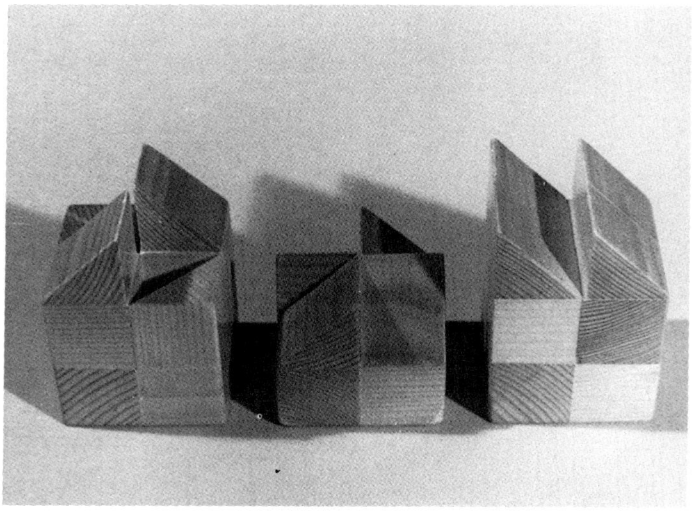

Großes Schachspiel

Die Figuren werden wie die des kleinen Schachspiels hergestellt. Die Dimensionen sind nur größer: Die Würfel und Dreiecke haben eine Kantenlänge von ca. 5 cm. Das Material für die Figuren stammt aus der Hirnholz-Parkettindustrie: Kiefernholz für die helle, Mahagoni für die dunkle Partei. Das Brett besteht aus furnierten Tischlerplatten oder Fertigparkett-Tafeln.
Die Podestzargen sind mit Haken versehen und lassen sich mit den gefalteten Bretthälften zusammengebunden gut transportieren und wegstellen.

Die Kästen, jeweils für eine Partei der Figuren, dienen als Sitzbänke für die Spieler, ihre Traggriffe an den Schmalseiten sind formal den Figuren angepaßt. Zum Einordnen der Figuren werden Pferde und Läufer wie beim kleinen Schachspiel zusammengesteckt – vergleiche die nebenstehenden Fotos.

Dieses große Schachspiel, auf den Fußboden gestellt, ist z.B. für das öffentliche Spiel in Heimen geeignet.

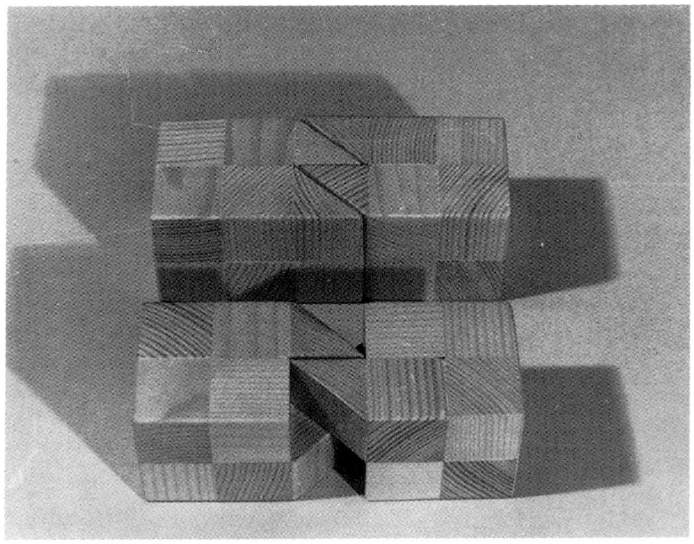

Würfelpuzzle

Das Würfelpuzzle ist ein altes Spiel, das auch heute noch interessant ist, vor allem, wenn man die einst naturalistischen Bilder durch abstrakte geometrische Formen und Muster ersetzt.
Der Reiz liegt darin, daß nicht ein bestimmtes, vorgegebenes Bild nachvollzogen werden muß, sondern freie Kompositionen gefunden werden können.

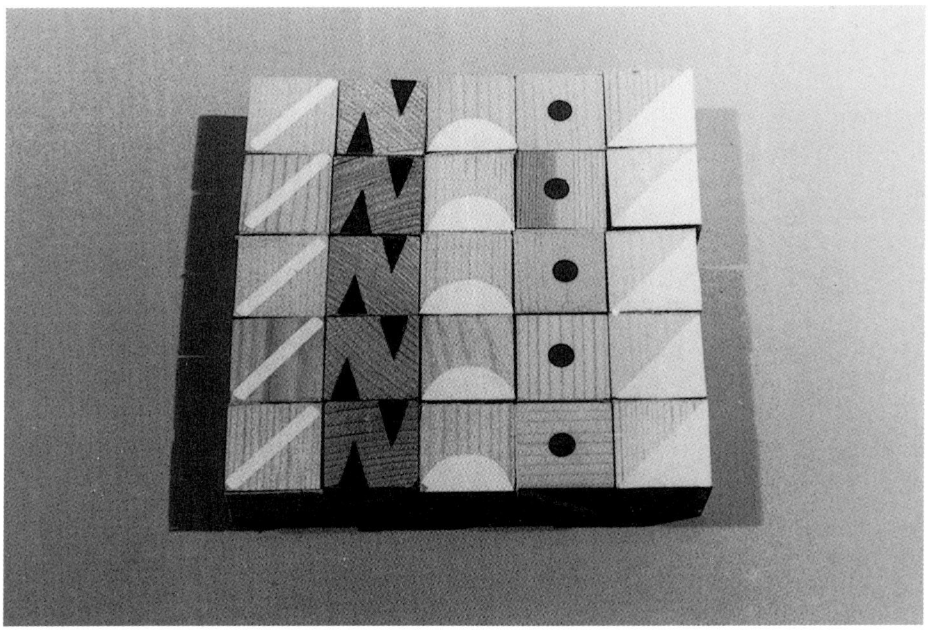

Das hier gezeigte Spiel besteht aus 5 x 5 Holzwürfeln von etwa 2 cm Kantenlänge. Eine Würfelseite ist frei, die übrigen sind mit Mustern versehen (obere Abbildung). Beim Anbringen der Muster muß man darauf achten, daß sie sich im Kontext mit anderen in verschiedenen Stellungen zu ornamentalen Strukturen zusammenfügen lassen. Anregungen zum Spiel mit den Mustern gibt die gegenüberliegende Seite.

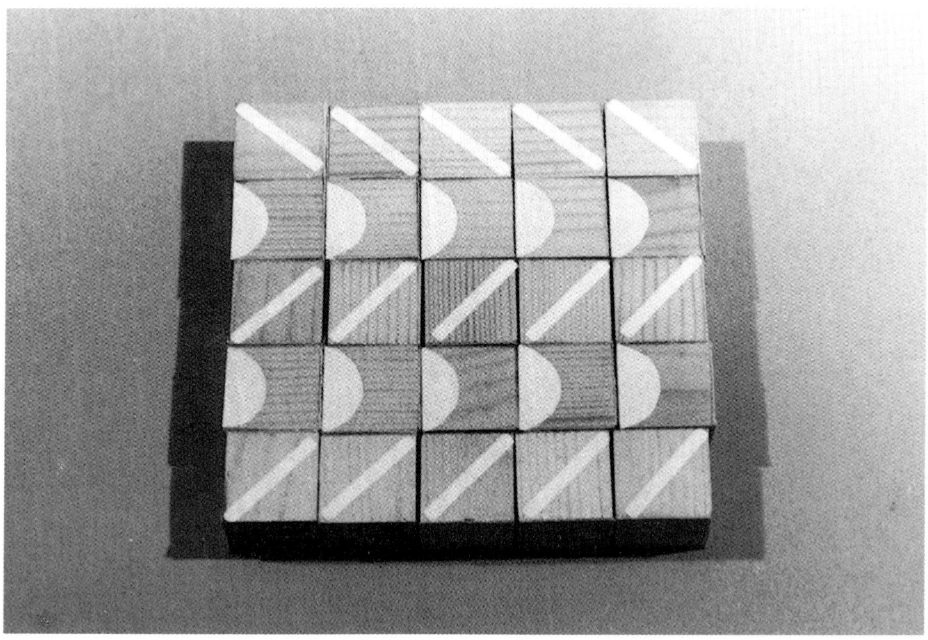

Schrägstriche –
gleichgerichtet,
gereiht,
zusammengeschlossen

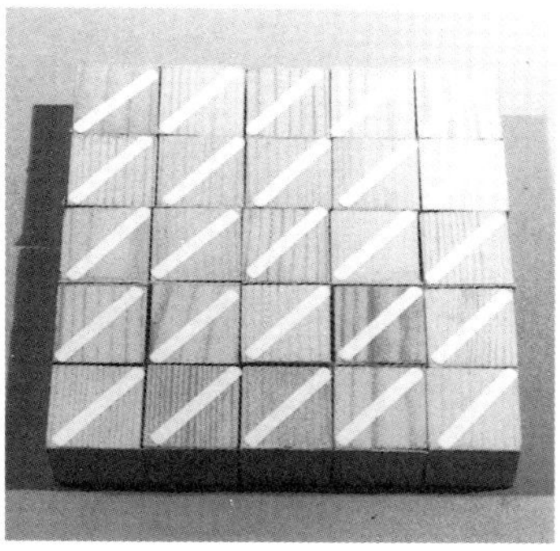

Dreiecke –
gereiht, gestürzt,
zusammengeschlossen

Halbkreise –
zusammengefügt,
gestürzt, im Drehsinn
zusammengeschlossen

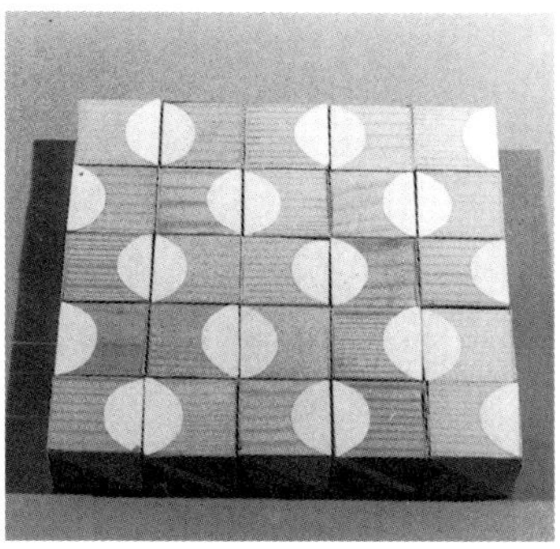

Punkte –
flächig, diagonal,
schachbrettartig im
Wechsel mit Spitzen

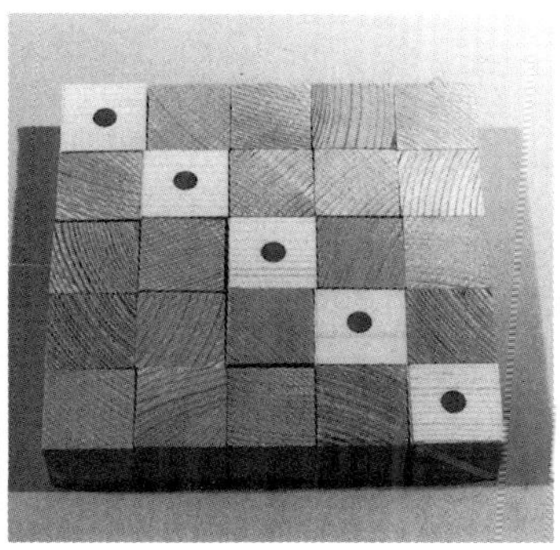

Spitzen –
gereiht, flächig einheitlich, komplexweise
im Drehsinn zusammengestellt

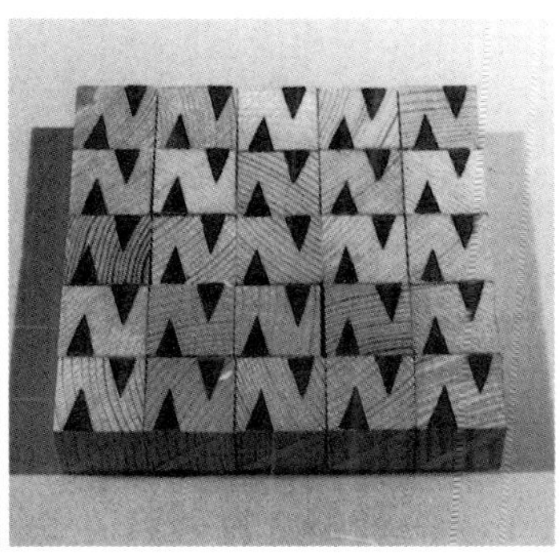

2 Bohren

Unter Mitarbeit von Uda von Osterburg

Das Bohren und Fugen von Kant- und Rundhölzern

Ein Baukasten mit drei Ausbaustufen

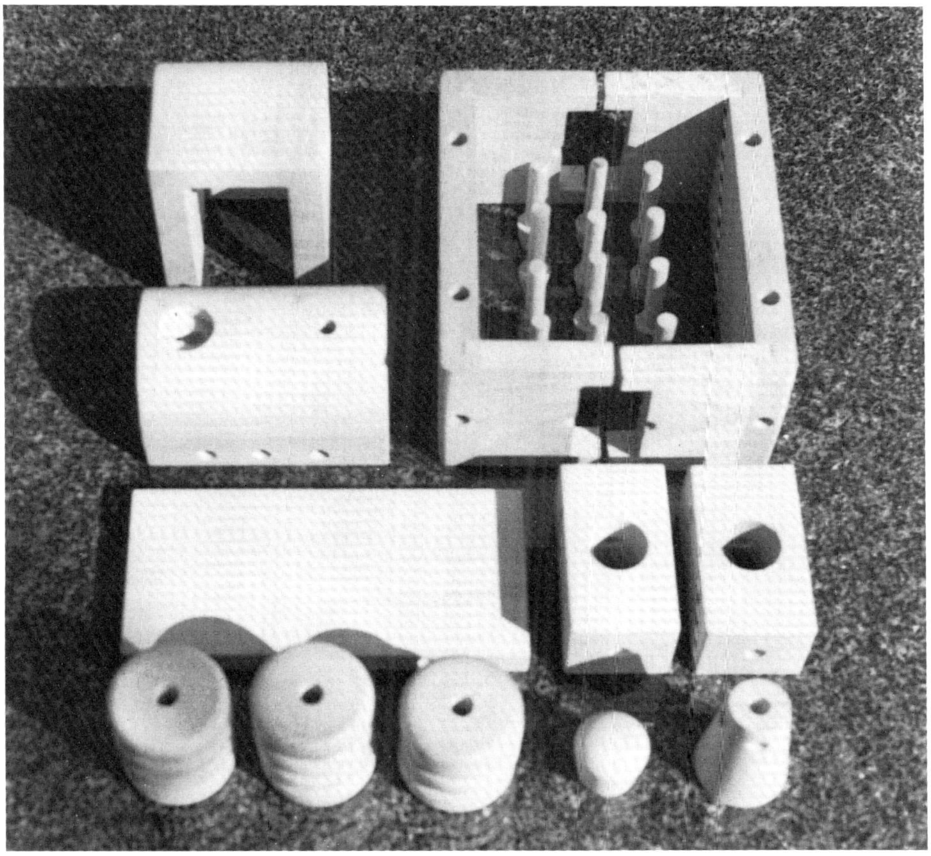

Eine Eisenbahn ist etwas Faszinierendes zum Spielen und Anschauen.

Viele Modelle in den unterschiedlichsten Materialien, Größen und Farben gibt es zu kaufen, aber wirklich gute Ausführungen sind oft sehr teuer.

Es liegt daher nahe, eine Holzeisenbahn selbst zu bauen. Holzart und Anstrich können selbst bestimmt werden, und man spart noch Geld dabei.

Dieses Kapitel zeigt als Beispiel eine vielseitig variierbare Eisenbahn. Der Bausatz mit nur wenigen verschiedenen Teilen erlaubt nicht nur den Bau einer Bahn mit zwei Wagen, sondern auch von Gerät, Menschen und Tieren.
Mit der ersten Ausbaustufe lassen sich zusätzlich Häuser und ein Kaufmannsladen kombinieren. Mit der zweiten entstehen Schiffe und Loren, Tieflader und Bagger. Die dritte Ausbaustufe ermöglicht den Bau einer Feuerwehr, eines Spielplatzes, einer Kirche.

Material und Werkzeug

Nur wenige Holzteile werden für die Herstellung des Baukastens benötigt.
Man kann die Leisten und Stangen in den gewünschten Abmessungen kaufen, zum Teil sogar fertig zuschneiden lassen. Nur die Längen sind wohl in jedem Fall selbst herzustellen.

Als Holz für die Brettchen, Leisten und Dübelstangen kommen weiche wie harte, am besten dichte Hölzer in Frage. Erle ist weich, Fichte mittelhart, Buche sehr hart.

Die Ausrüstung eines Heimwerkers reicht für die Fertigung des Baukastens voll aus.
Eine Feinsäge oder ein Fuchsschwanz, ein Stecheisen und eine Feile sowie eine Handbohrwinde oder eine kleine Bohrmaschine mit diversen Bohrern sind nötig. Zur Oberflächenbehandlung genügen zwei Sorten Schleifpapier und ein Schleifklotz.

Schneideladen sind gute Arbeitshilfen für die Zurüstung von Holzteilen. Zwingen aus Holz dienen zum Festklemmen kleinerer Werkstücke. Größere Stücke werden mit metallenen Zwingen fixiert. Weiße Kaltleime oder transparente Kleber in Flaschen oder Tuben werden mit einer Tülle, mit dem Finger oder mit Pinseln aufgetragen. Die Abbindezeiten sind sehr kurz, die Haltbarkeit groß, auch bei stumpfen Fugen, wenn der Faserverlauf der zu verleimenden Stücke parallel ist.

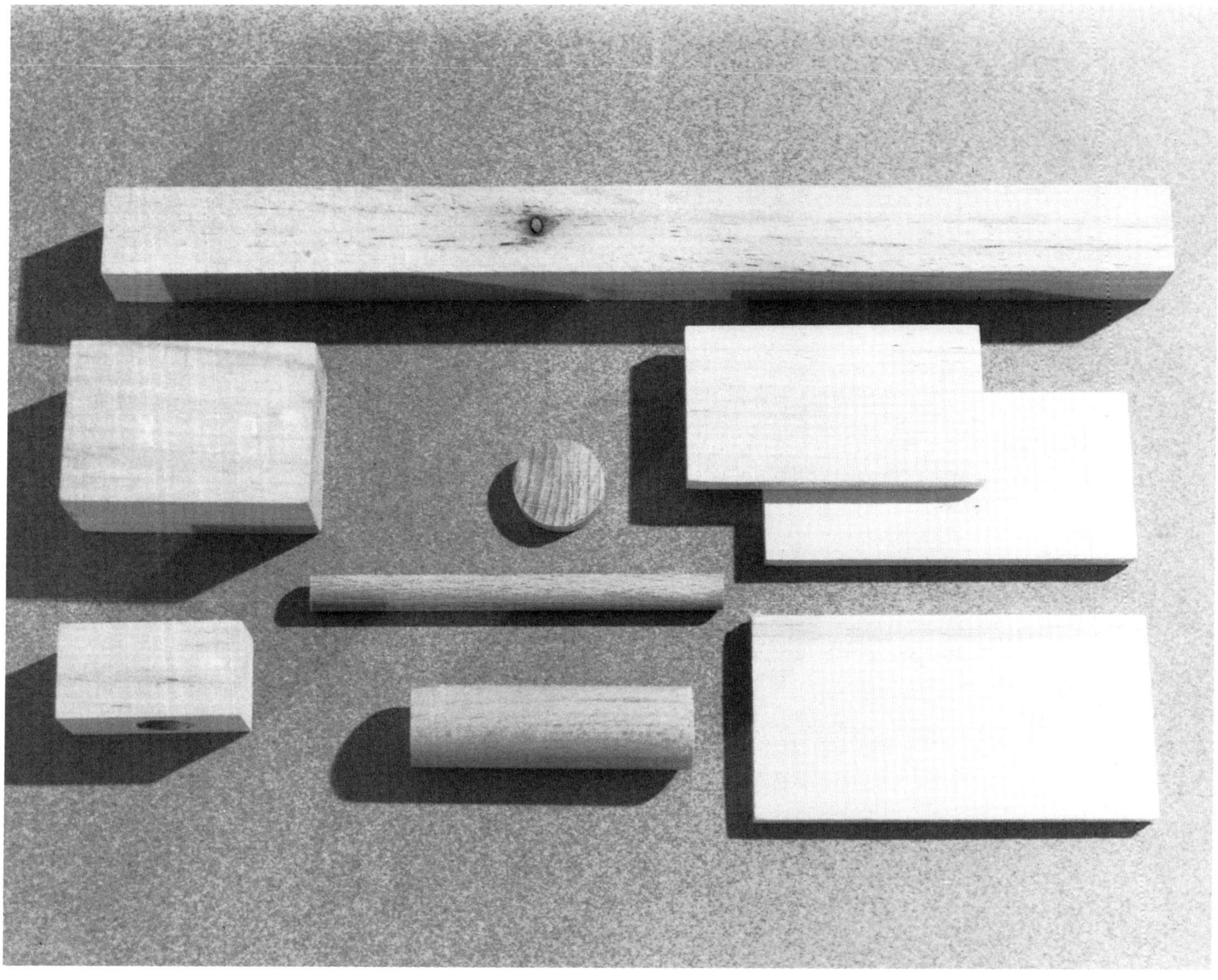

Grundkasten

Der Grundkasten der Eisenbahn enthält nur acht verschiedene Bauteile. Dazu kommen noch unterschiedlich lange Rundstäbchen in der Stärke der Radachsen sowie Verbindungsstücke aus Gummi.

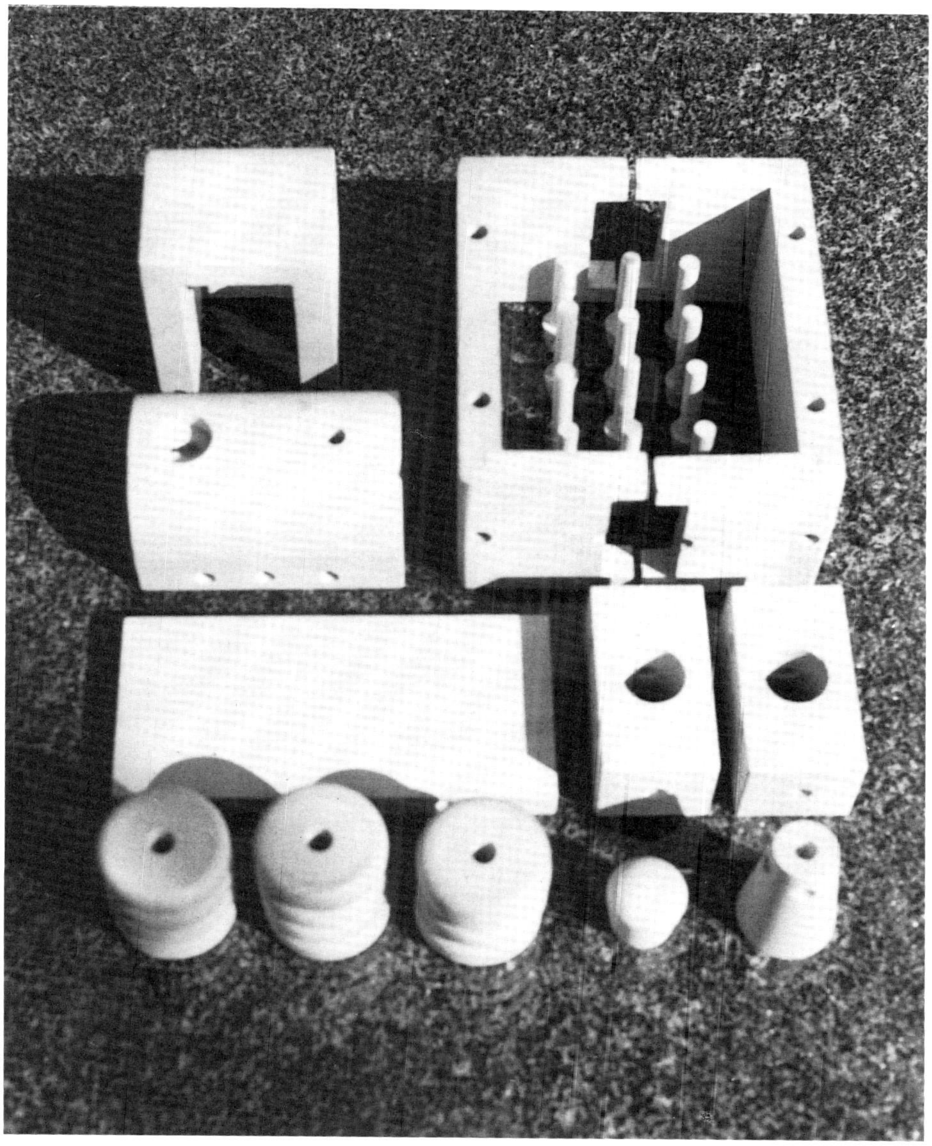

Der Baukasten, dessen Fertigung am Ende des Kapitels beschrieben wird, nimmt alle Teile enggepackt auf. Aus Pappe ist er sehr leicht selbst herzustellen. Der Deckel ist sehr tief und wird über den Kasten geschoben. Auch die Teile der Ausbaustufen finden in mehreren Lagen Platz.

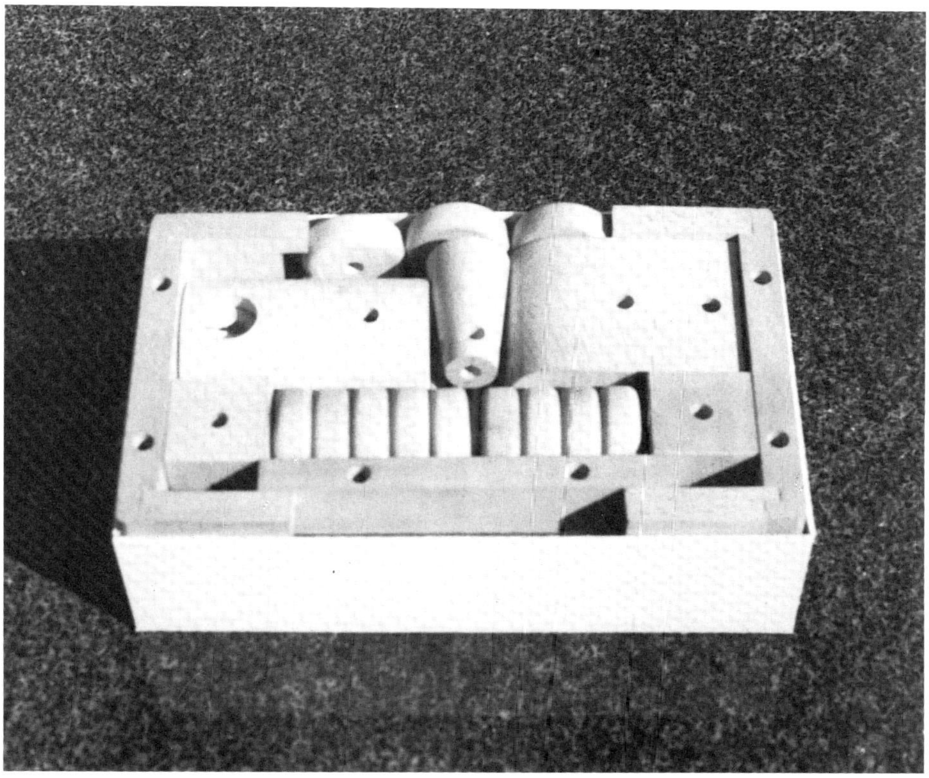

Bauteile der Lokomotive

Die Grundausstattung (Zugmaschine) besteht aus nur sechs verschiedenen Elementen.
Auf der Grundplatte stehen das Führerhaus und der Lokomotivkörper.
Die Räder werden seitlich mit Achsen an der Grundplatte befestigt. Der Schornstein wird in den Körper eingesteckt. Die Zeichnung erläutert die genannten Stücke und deren Positionen. Die Abmessungen werden bei der Beschreibung der Einzelteile genannt.
Die Hauptmaße der Eisenbahn sind: Länge 11 cm, Breite einschließlich der Räder 6,5 cm, Höhe 8 cm.

Die Grundplatte (1) hat die Abmessungen 100 x 49 mm bei einer Stärke von 10 mm.
Die Bohrungen in den Flächen und an den Kanten entsprechen im Durchmesser den Radachsen. Die Tiefe sollte gut 20 mm betragen.
Die Lochzahl wird durch die Spielvarianten bestimmt, maximal sind es je drei an den Längskanten und eins an der Querseite.

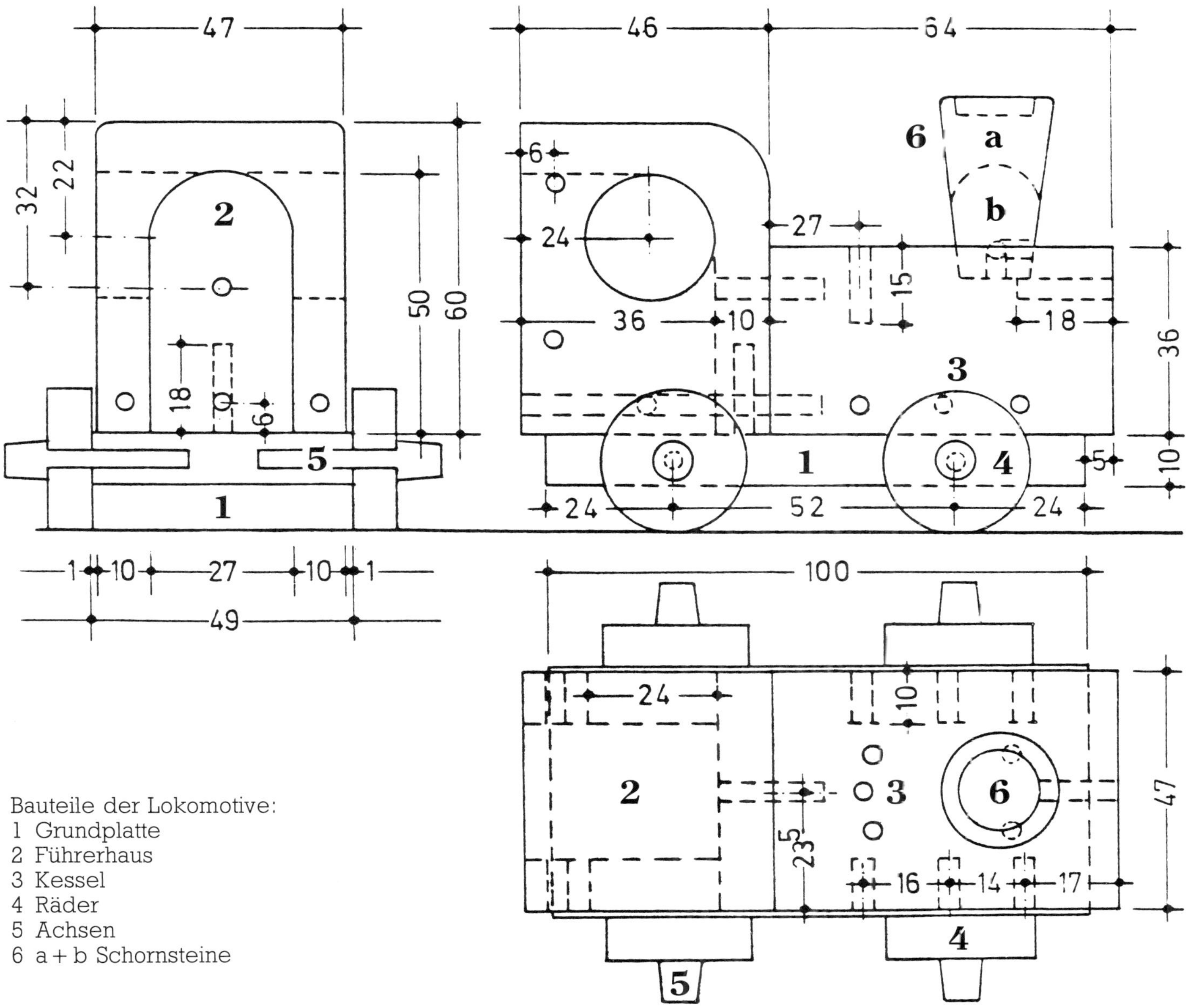

Bauteile der Lokomotive:
1 Grundplatte
2 Führerhaus
3 Kessel
4 Räder
5 Achsen
6 a + b Schornsteine

Das Führerhaus (2) besteht aus einem massiven Stück Holz von 46 x 47 mm Querschnitt.

Gebohrt wird von Hand mit einem Schneckenbohrer oder mit einer Bohrmaschine und Spezialbohrer. Beim Bohren sind die Stücke in den jeweiligen Positionen gut zu befestigen.

Das Bohren mit Schneckenbohrern in der Bohrwinde ist leichter, da langsamer als mit der Bohrmaschine. Auf gute Fixierung des Werkstücks ist zu achten.

Die Bohrlöcher haben einen Durchmesser von 26 mm und treffen sich am Kopf mit einem allseitigen Randabstand von etwa 10 mm.

Zum Ausstemmen des Innenstükkes benutzt man ein Stecheisen.

Die Rundung außen am Führerhaus wird mit Raspel und Feile hergestellt.
Die Flächen und Kanten sind zum Abschluß mit Sandpapier zu glätten.

Die Zusatzbohrungen für Radachsen entsprechen den verschiedenen Spielvarianten. Die Anordnung ist aus der Zeichnung zu ersehen, kann aber auch nach eigenen Ideen ergänzt werden.

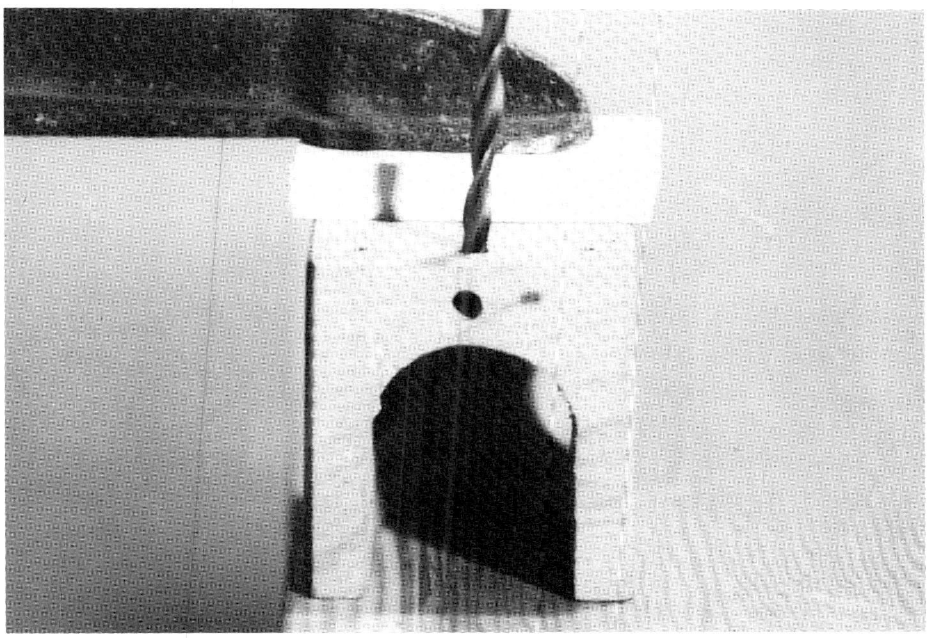

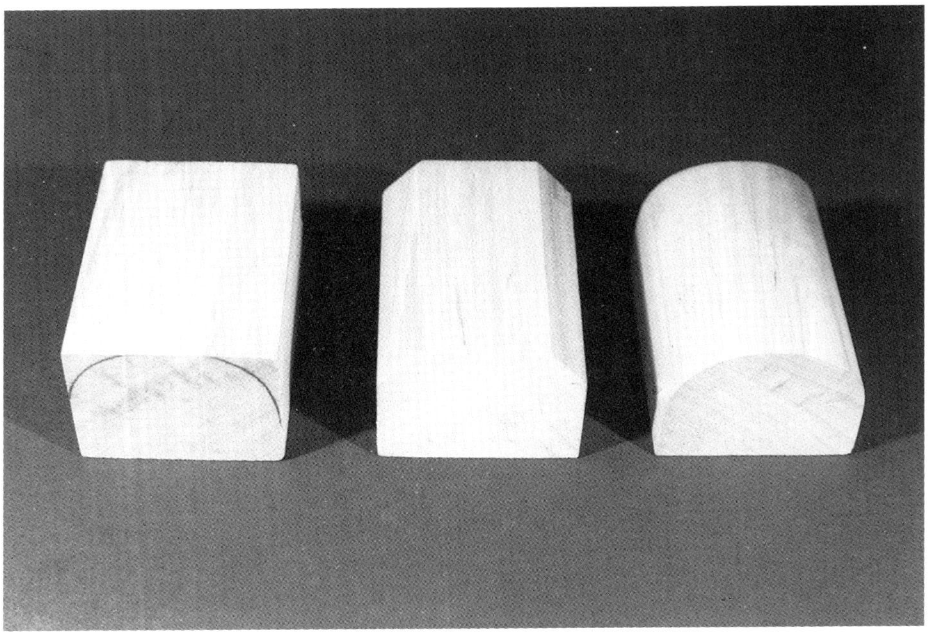

Der Lokomotivkörper (3) wird aus einem massiven Stück Holz gefertigt. Die Länge beträgt 64 mm, die Breite 47 mm, die Höhe 36 mm. Die obere Rundung entspricht einem Zirkelschlag von 23 mm.

Das Abstechen der oberen Längskanten ist bei fester Einspannung mit einem breiten Stecheisen möglich.

Die Rundung wird wieder mit Raspel und Feile ausgeführt und zuletzt mit Sandpapier geglättet.

Die Bohrungen sind unterschiedlich groß. Der Schornstein erhält ein Loch von 15 mm Durchmesser und 6 mm Tiefe im Abstand von 15 mm vom Rand.

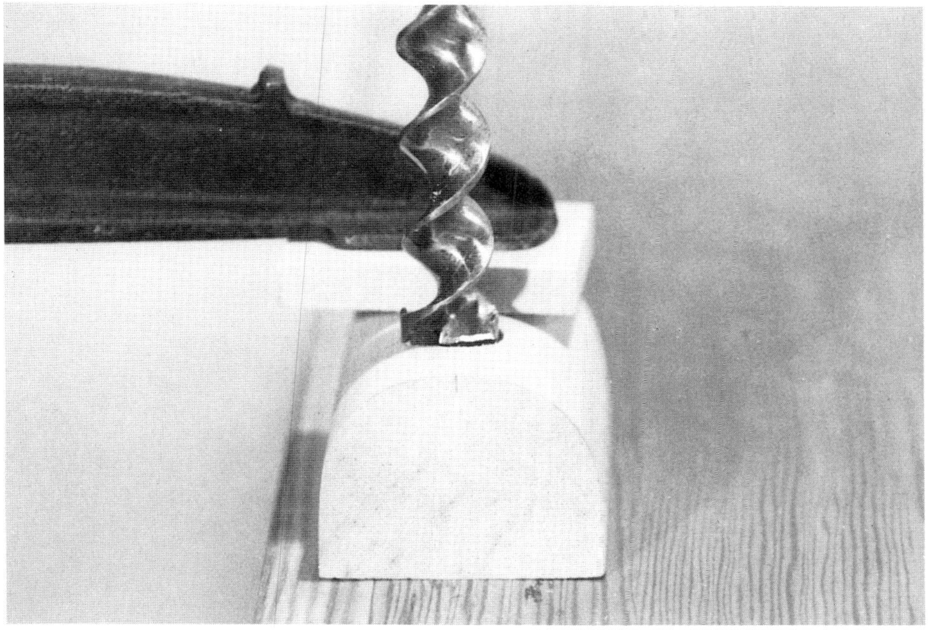

Die Löcher für die Radachsen sind alle etwa 16 mm tief.
Ihre Anzahl ist der Zeichnung zu entnehmen.

Beim Bohren ist der Körper sicher zu befestigen. Nur so können Arbeitsunfälle vermieden werden.

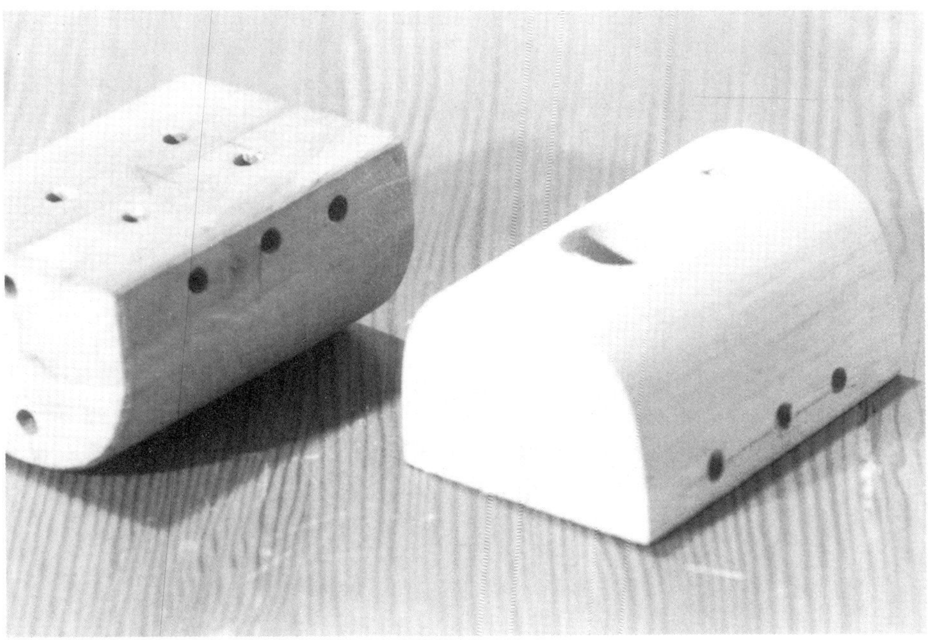

Die Räder (4) haben einen Durchmesser von 28 mm und eine Stärke von 8 mm. Sie lassen sich als Scheiben von einem Rundstab oder einer Dübelstange rechtwinklig abschneiden.
Die Bohrung der Achslöcher muß genau auf die Stäbe der Achsen abgestimmt und in jedem Fall exakt zentral sein.

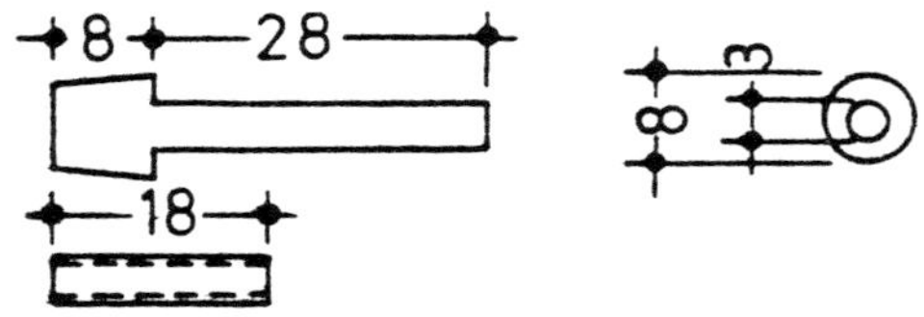

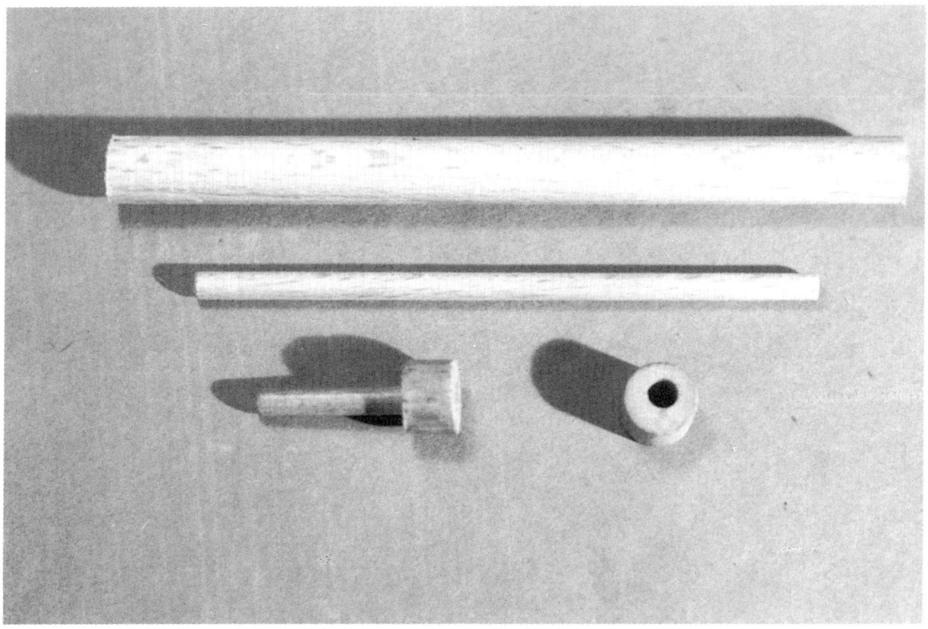

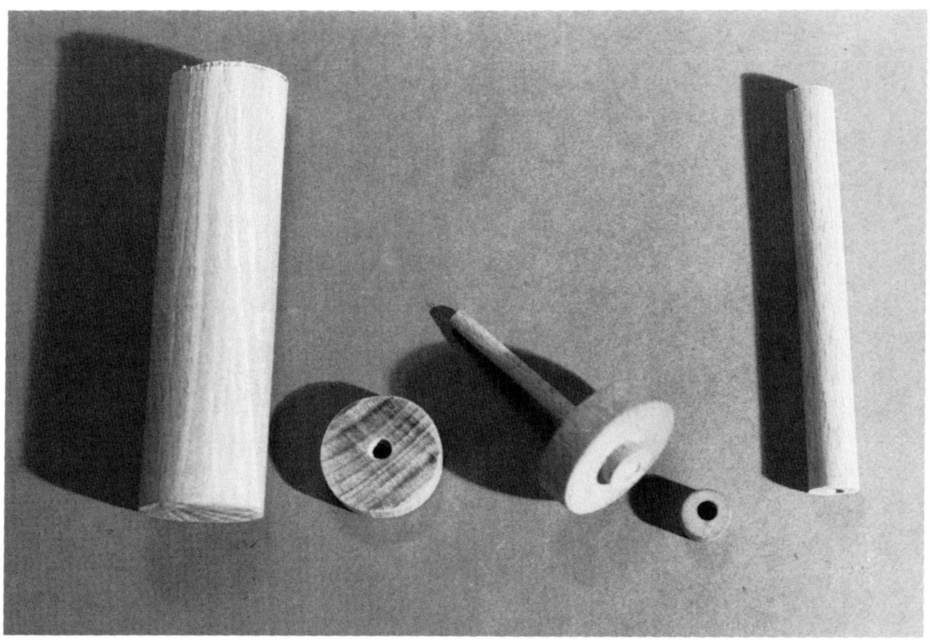

Die Radachsen (5) werden mit Köpfen versehen, um ein Abrutschen der Räder zu verhindern.
Die Köpfe werden wie die Räder von Rundstäben gesägt. Ihr Durchmesser beträgt 8 mm, die Länge ebenfalls 8 mm.
Die Achsen sind aus Rundstäbchen, Länge 36 mm, Durchmesser 3 mm, gefertigt.

Auch der Schornstein (6) ist aus einem Stück Dübelstange hergestellt. Er wird vor dem Abschneiden konisch zugearbeitet. So kann man ihn besser festhalten und bewegen.
Der größte Durchmesser beträgt 21 mm, der kleinste 14 mm.
Die Länge mißt 36 mm.

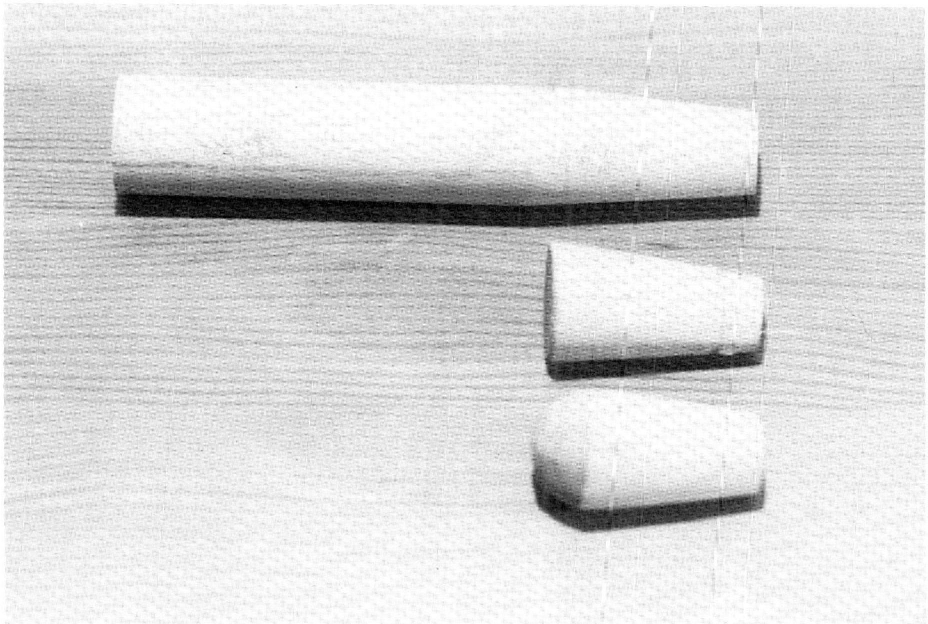

Am Kopfende erhält der Schornstein eine Bohrung.
Der Durchmesser der Vertiefung beträgt 14 mm, die Tiefe 3 mm.

Ein kleiner zusätzlicher Schornstein wird ähnlich wie der große gearbeitet. Er erhält am Kopf eine Rundung, die sehr vorsichtig ausgeführt werden muß, da sich das Teil nicht einspannen läßt.
Größter Durchmesser 16 mm, kleinster 13 mm, Länge 22 mm.

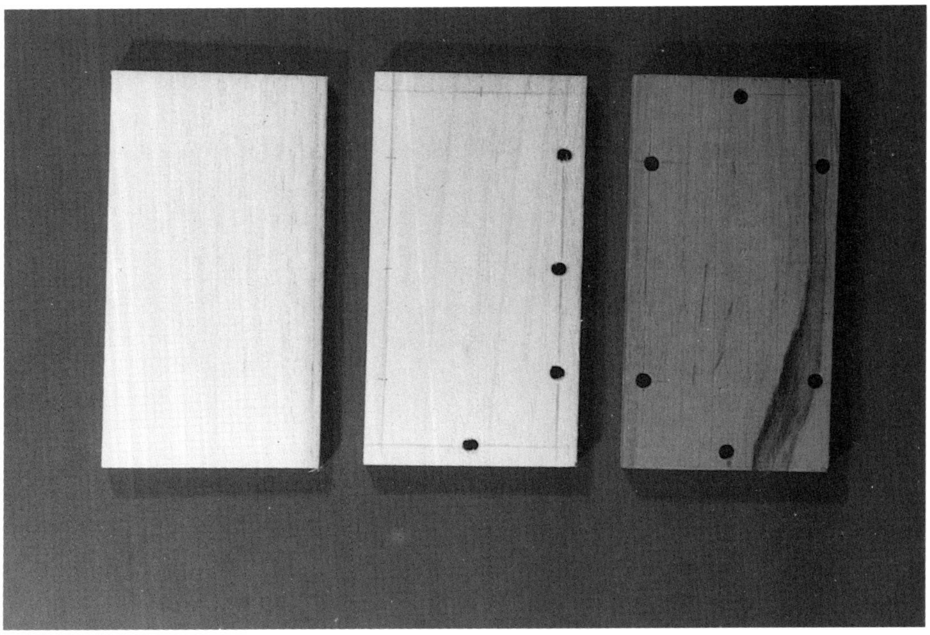

Bauteile der Wagen

Die Wagen lassen sich aus einer breiten Leiste herstellen, die nur abgelängt werden muß. Die Breite beträgt 49 mm, die Stärke 10 mm.

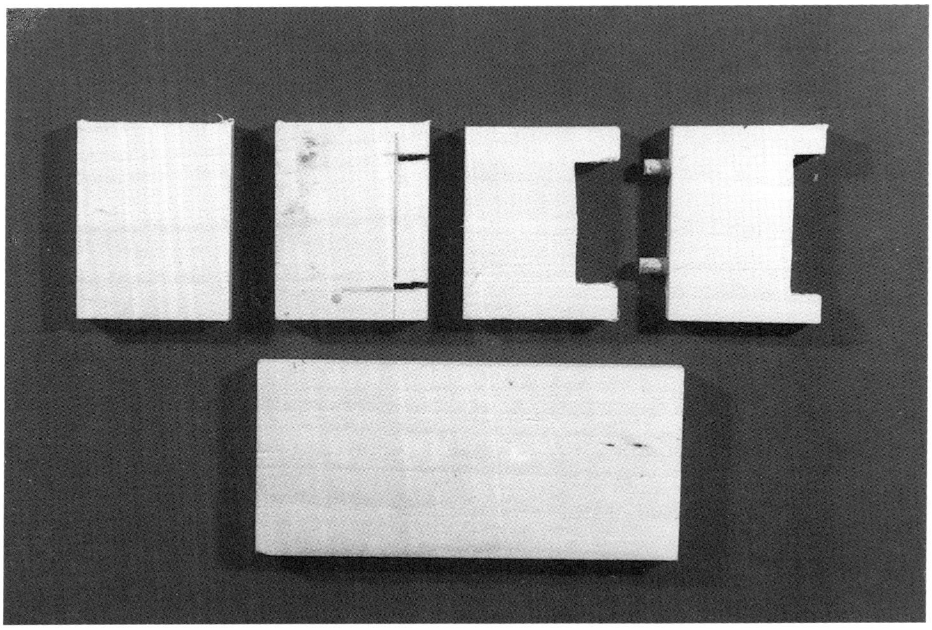

Die Bodenplatte ist 100 mm lang. Die Wangen sind 33 mm hoch. Sie erhalten eine obere Aussparung in einer Breite von 37 mm und einer Tiefe von 8 mm, so daß an den oberen Enden jeweils zwei Vorsprünge von 6 x 10 mm stehenbleiben.

Das Festspannen der Teile beim Stemmen und Bohren muß immer wieder erwähnt werden, zu leicht passieren sonst Unfälle.

Die Wangen werden auf die Bodenplatte gedübelt.
Die Bohrlöcher lassen sich gut mit kleinen Stiften markieren. Dazu werden sie ins Hirnholz der Wangen eingeschlagen und auf die Bodenplatte gedrückt, wo sie Markierungen schaffen. Vor dem Bohren sind die Stifte wieder zu entfernen.

Leichter ist das Dübeln nachträglich, indem man die Stücke erst stumpf verleimt und anschließend von oben durchbohrt.

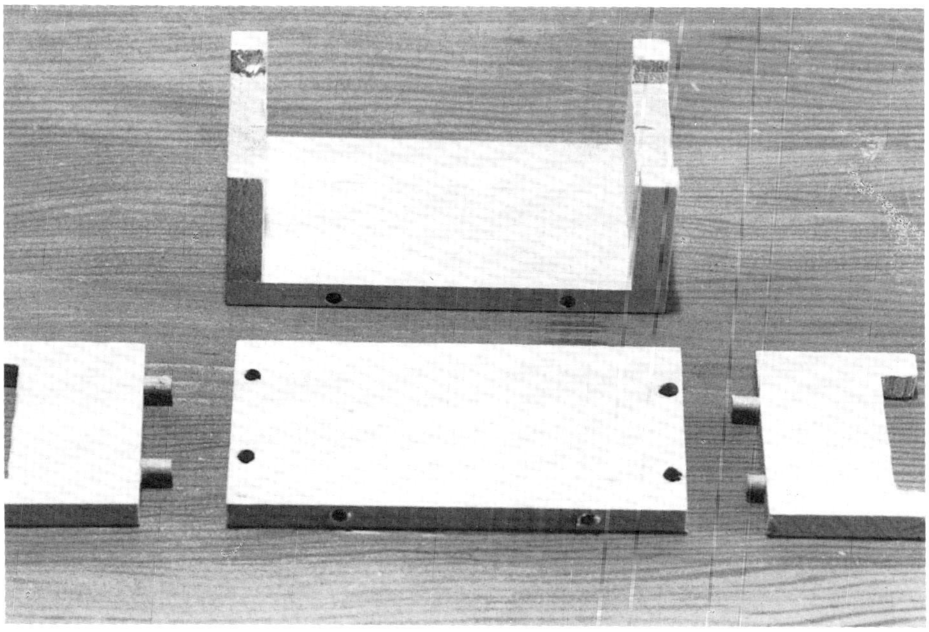

Die Bänke werden aus einer quadratischen Leiste von 26 x 26 mm in Längen von 48 mm geschnitten. Die großen Bohrungen, seitlich durchgehend, befinden sich genau in der Mitte, Durchmesser 17 mm.

Die kleinen Bohrungen vor Kopf und von unten haben einen Durchmesser von 3 mm und eine Tiefe von 22 mm.

Ausführungsbeispiele

Die Eisenbahn umfaßt die Lokomotive und zwei Wagen.

Traktoren lassen sich auf verschiedene Weise bauen. Hier zwei mögliche Varianten, links mit dem Lokomotivkörper, rechts mit dem Führerhaus als Motorblock.

Die Schule ist eine Komposition aus fast allen Teilen des Baukastens. Die Tische sind die umgedrehten Wagen, das Katheder wird durch das Führerhaus dargestellt.

Die Tafel ist die Grundplatte, welche auf Radachsen steht. Die Lehrerin setzt man aus den beiden Schornsteinen zusammen.

Das große Tier bastelt man aus dem Lokomotivkörper auf Rädern und einer Bank als Kopf. Das kleine Tier hat eine Bank als Leib und vier Radachsen als Beine. Als Kopf wird der kleine Schornstein quergestellt.

Für die Pferdelore wird der Lokomotivkörper umgekippt und quergestellt (links). Die Sänfte (rechts) wird aus dem Führerhaus der Lokomotive gebildet.

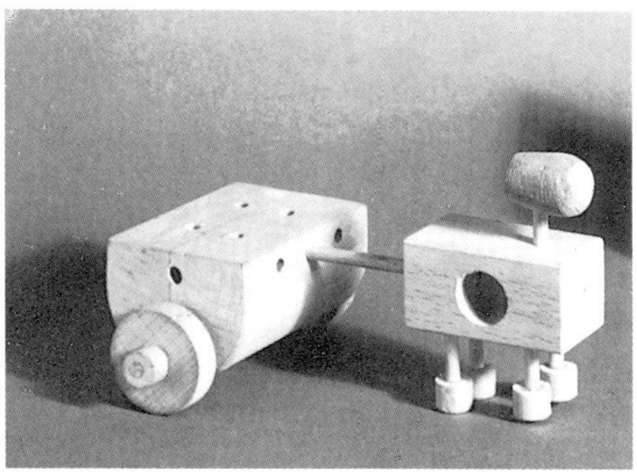

Das Gespann aus dem quergestellten Lokomotivkörper steht auf zwei Rädern. Bestückt ist er mit einem Schornstein und einer Radachse.

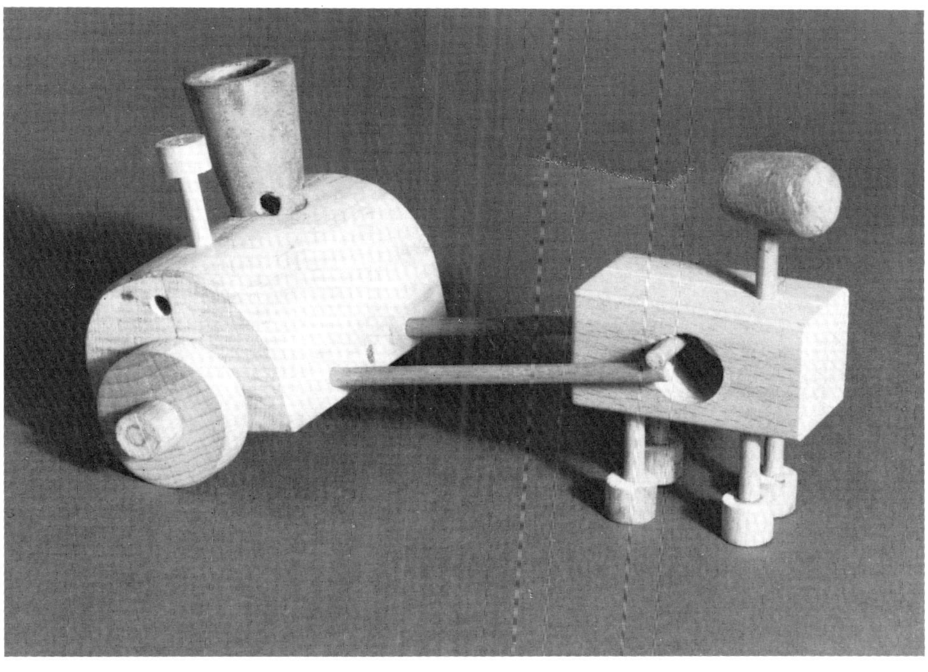

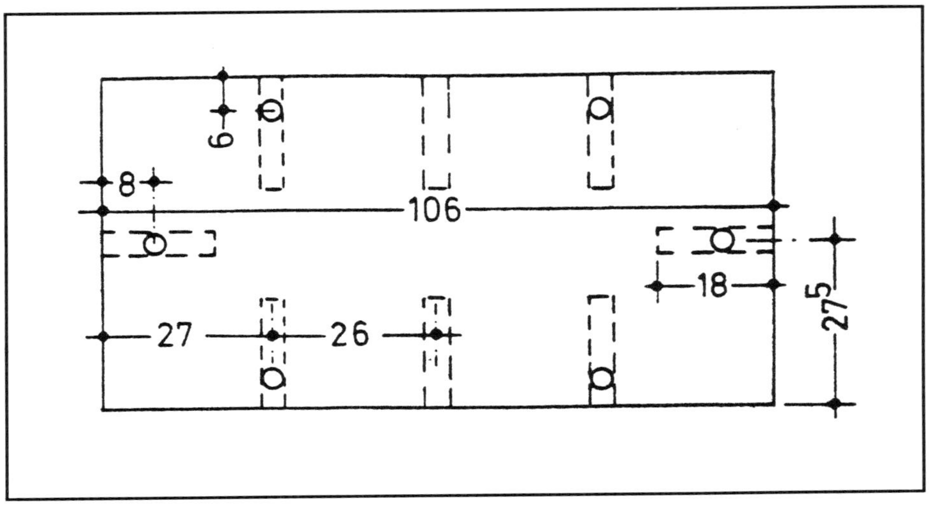

Erste Ausbaustufe

Zwei Dachplatten, die auch als Bodenplatten benutzt werden können, bilden die Zusatzteile des Baukastens in dieser Ausbaustufe. Die Länge beträgt 106 mm, die Breite 55 mm und die Stärke 10 mm.
Die sechs Bohrungen in der Fläche gehen durch die Platte hindurch. Die Bohrungen seitlich sind 18 mm tief. Die Anordnung der Löcher ist der Zeichnung zu entnehmen.

Nach der Erweiterung des Grundbaukastens ist die Eisenbahn auch mit oben abgedeckten Wagen möglich.

Beim Giebeldachhaus (links) sind die Platten quer, beim Satteldachhaus längs zusammengesteckt.

Beim Kaufmannsladen bilden die Tische, auf die Seite gekippt, den Tresen. Die Dachplatten dienen zur Abdeckung und schaffen die Verkaufsfläche.
Das Führerhaus wird zur Kasse, die Kurbel seitlich daran ist eine Radachse.

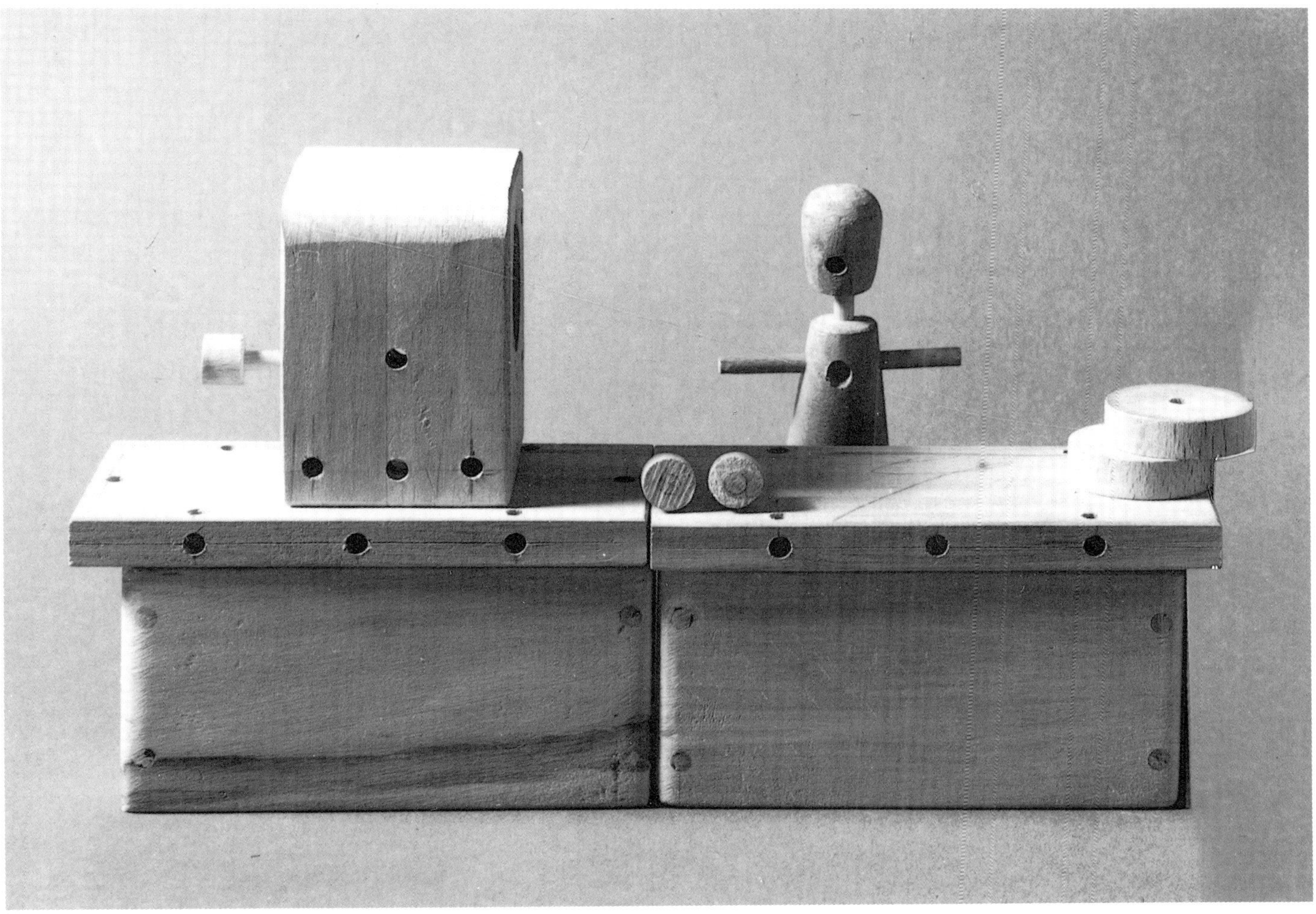

Zweite Ausbaustufe

Die zweite Ausbaustufe ergänzt den Baukasten durch zwei Boote.

Die Länge der Bootskörper beträgt 78 mm, die Breite 47 mm.

Die Boote sind außen 20 mm hoch. Die Rundung an beiden Enden entspricht einem Zirkelschlag. Die Bootswand ist 10 mm breit.

Die Abkantung der Außenkanten unten ist in der Zeichnung angegeben, im Modell aber nicht ausgeführt. Wichtig ist, daß die Boote sich als Loren, in die Wagen eingehängt, kippen lassen.

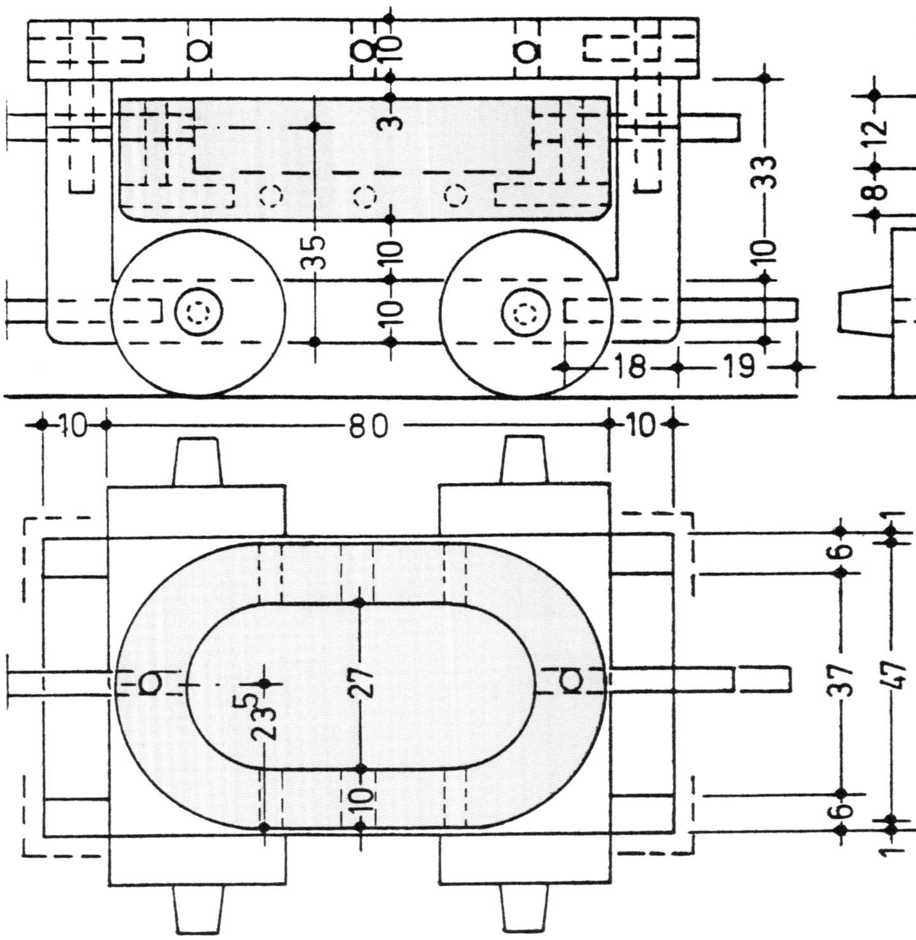

An den Längsseiten sind je drei Bohrungen für Räder nötig, an den Stirnseiten je zwei übereinander, oben auf dem Rand vorn und hinten je eine.

Die Unterbringung der Teile im Baukasten.

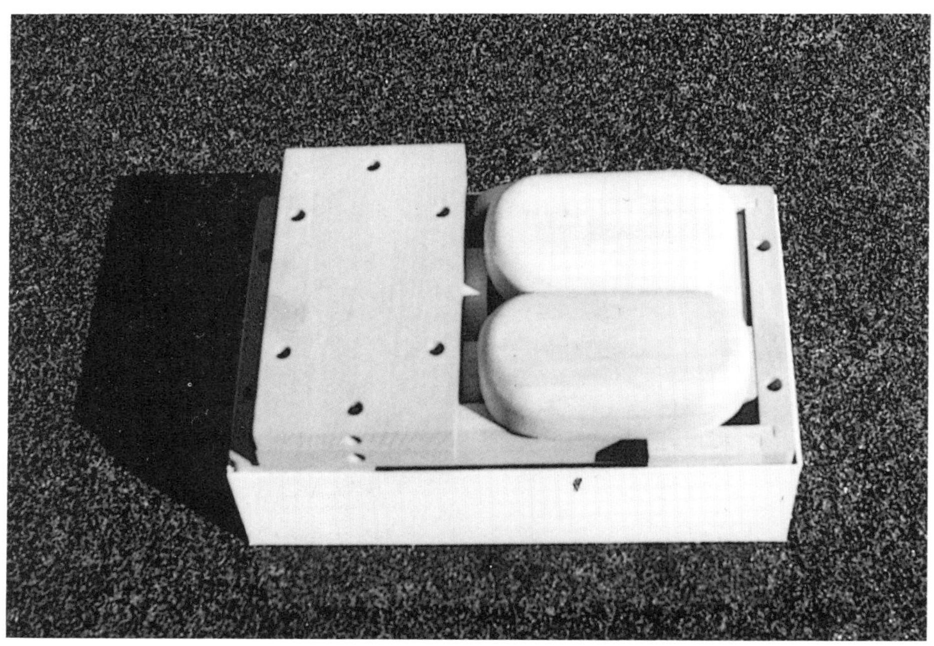

Die Boote werden aus zwei Lagen gefertigt. Diese erhalten ihre spezielle Ausformung vorab, werden daraufhin verleimt und weiterbearbeitet.

Die obere Hälfte wird an zwei Stellen vorgebohrt und danach in der geraden Verbindung der Löcher ausgestemmt. Die untere Hälfte wird als Bodenplatte nur zugeschnitten.

Nach der Verleimung wird die Außenform zugerichtet und mit Feile und Raspel gerundet.
Die Bohrungen führt man von Hand oder mit der Maschine aus. Das Werkstück wird besser mit einer Zwinge gehalten. Ein Unterlegbrettchen schont das Boot dabei.

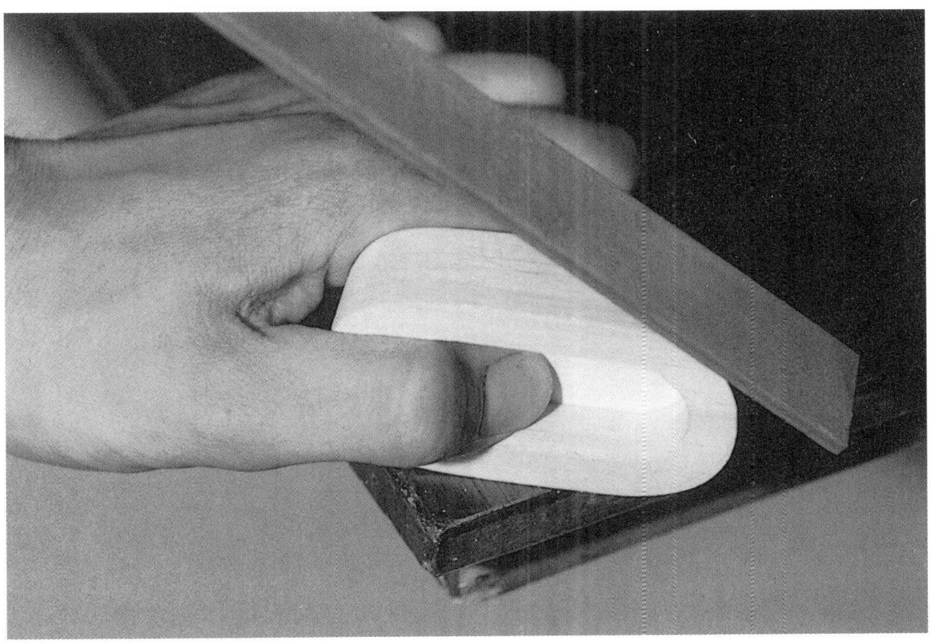

Die Eisenbahn läßt sich nun mit Kipploren ausstatten. Die Bootskörper erhalten an den Stirnseiten Steckachsen, die zum Kippen dienen. Sie liegen in Auskerbungen auf den Wagenwangen.

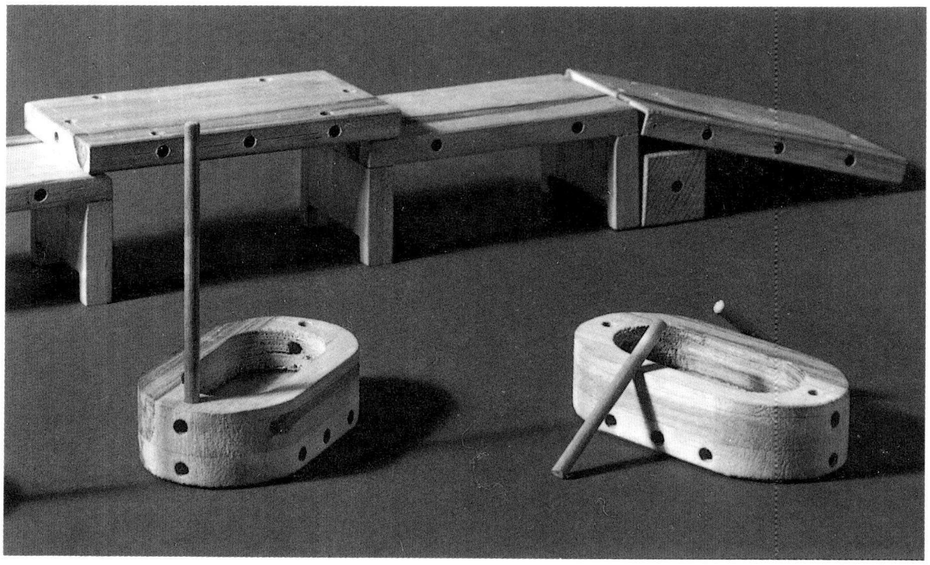

Die Boote werden miteinander elastisch verbunden. Dazu schneidet man dünnen Gummischlauch in kurze Stücke und versieht die offenen Enden mit Rundstäbchen. Die Kupplungen werden in die Achsenlöcher gesteckt, und schon kann es losgehen.

Die Boote lassen sich beliebig verändern. Der Dampfer z.B. hat ein Oberdeck aus einer Bank mit einer Radachse als Schornstein.

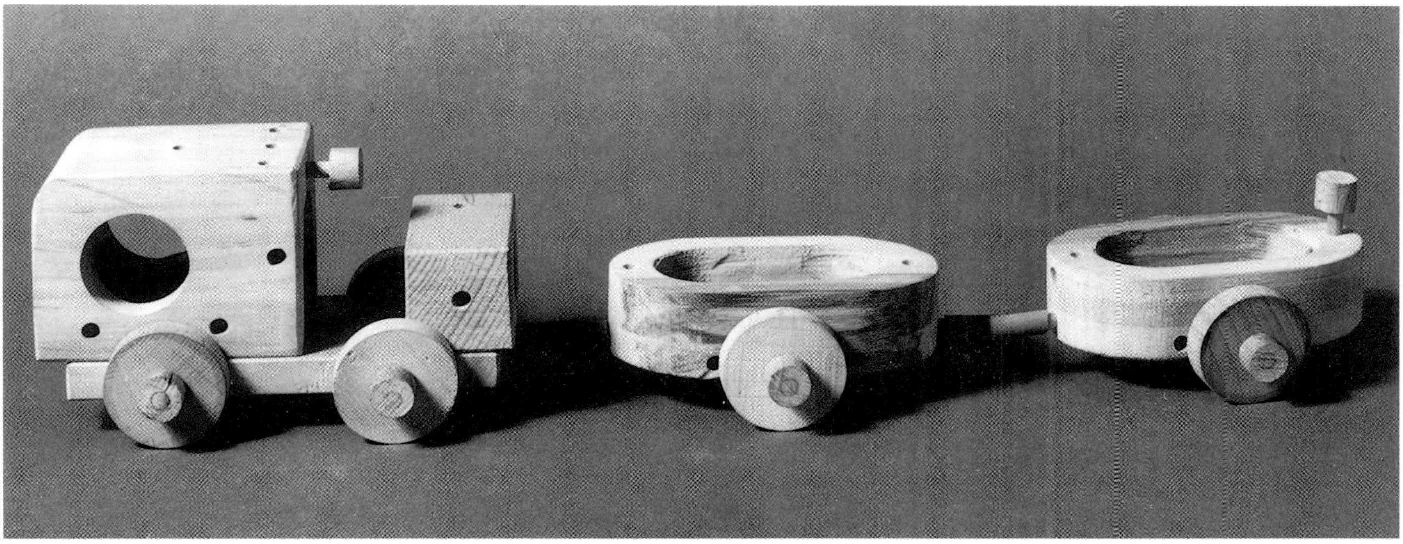

Traktor mit ein- und zweichachsigen Anhängern.

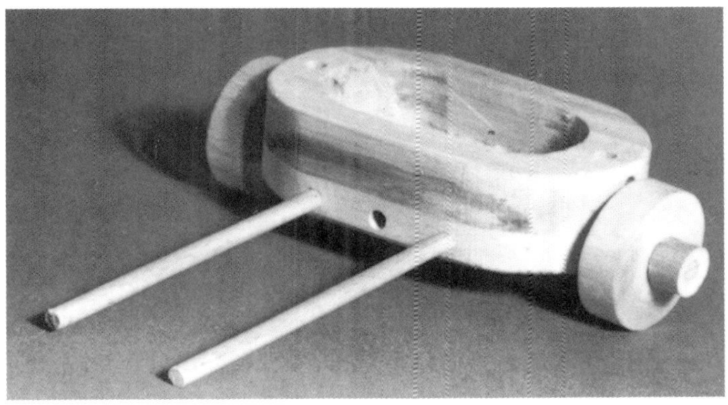

Links ein zweiachsiger Wagen, rechts eine Lore mit Querachse und einer Deichsel zum Ziehen.

Der Tieflader mit Selbstantrieb ist mit seinen fünf Achsen und 10 Rädern sehr robust. Die Schwenkschaufel besteht aus einem Bootskörper, der mit einer Achse am Drehturm befestigt ist. Dieser ist seitlich schwenkbar auf die Plattform gesteckt.

Dritte Ausbaustufe

Diese letzte Ausbaustufe ergänzt den Baukasten um eine Leiter und zwei Wagenbrettchen. Alle drei Teile sind 161 mm lang und 32 mm breit. Die Stärke der Brettchen beträgt 6 mm, die der Leiter 8 mm. Die beiden Wangenbretter erhalten durchgehende Bohrungen im Abstand von 30 mm; der Abstand der beiden mittleren Bohrungen beträgt nur 15 mm. Die Leiter besteht aus zwei eckigen Holmen von 5 x 8 mm und sieben runden Sprossen von 3 mm Durchmesser. Die rechtwinkligen Aussparungen 17 mm von den Enden dienen als Auflager.

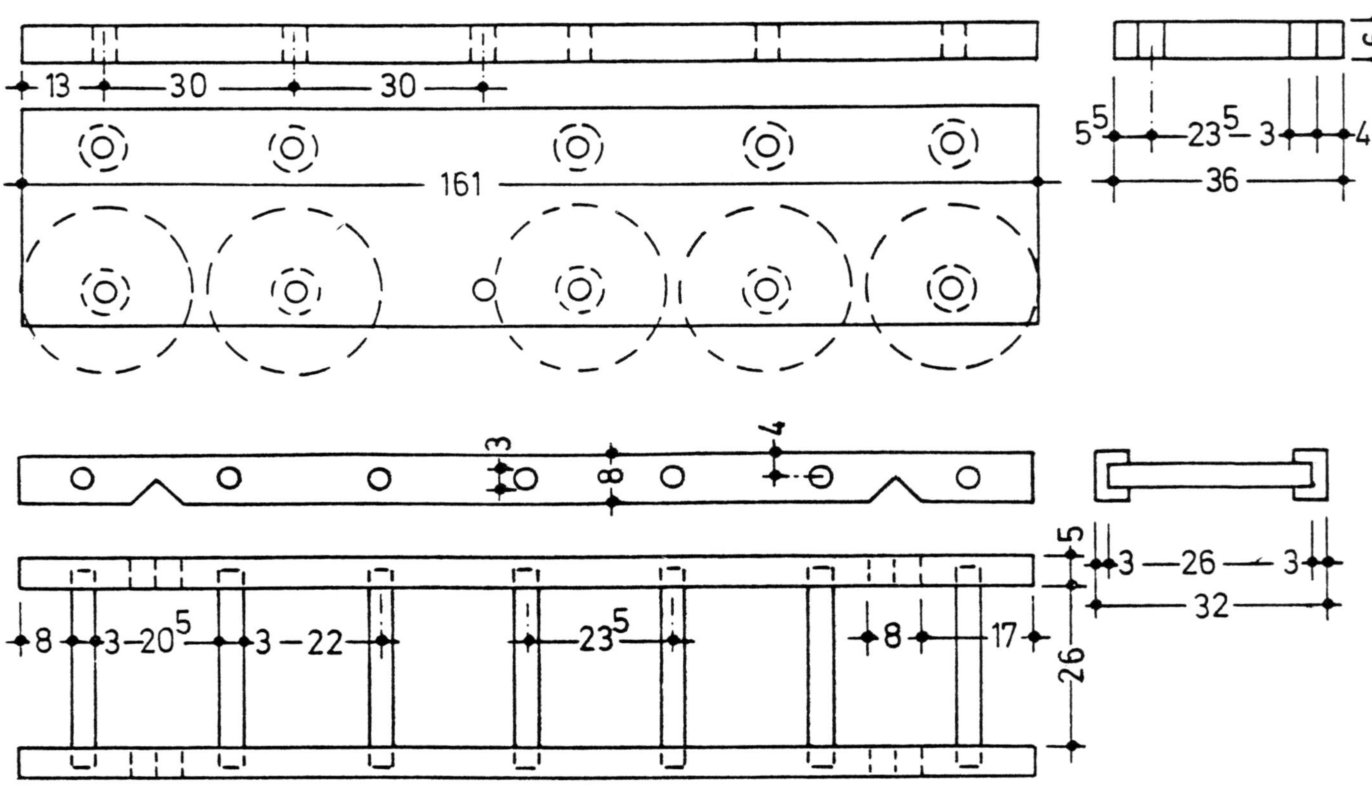

Die Teile lassen sich ebenso wie die ersten beiden Ausbaustufen im Kasten unterbringen. Der übergreifende Deckel umfaßt auch diese Lage.

Die Standleiter ist zwischen den Wangen eingesteckt; diese sind durch zwei versetzt angeordnete Querstangen verbunden.

Ein Spielplatz mit Kletterturm und Durchkriechelementen.
Die Leiter ist mit ihren Ausklinkungen an eine Querstange im Turm angelehnt und kann so nicht wegrutschen.

Mit den neu hinzugekommenen Wangenbrettchen läßt sich nun diese schwere fünfachsige Lokomotive konstruieren. Das Führerhaus der kleinen Eisenbahn wird in liegender Position, der Lokkörper am anderen Ende zwischen den Wangen festgesteckt. In der Mitte vervollständigt eine Bank die Komposition.

Ein Tieflader mit eigenem Antrieb und auf dem Wassertank aufliegender Leiter.

Die Feuerwehr auf dem unteren Bild ist an der Leiter zu erkennen.

Der Roboter hat einen markanten Kopf aus einem Bootskörper mit Rädern als Ohren und Achsen als Antennen.
Der Lokkörper dient ihm als Bauch, zwei Bänke sind die Schuhe.

Eine Kirche mit Kirchturm, Eingangshalle und Kirchenschiff. Die Glocke aus dem großen Schornstein, mit dem Kopf nach unten zwischen den Turmwangen an einer Achse aufgehängt, scheint wirklich zu läuten.

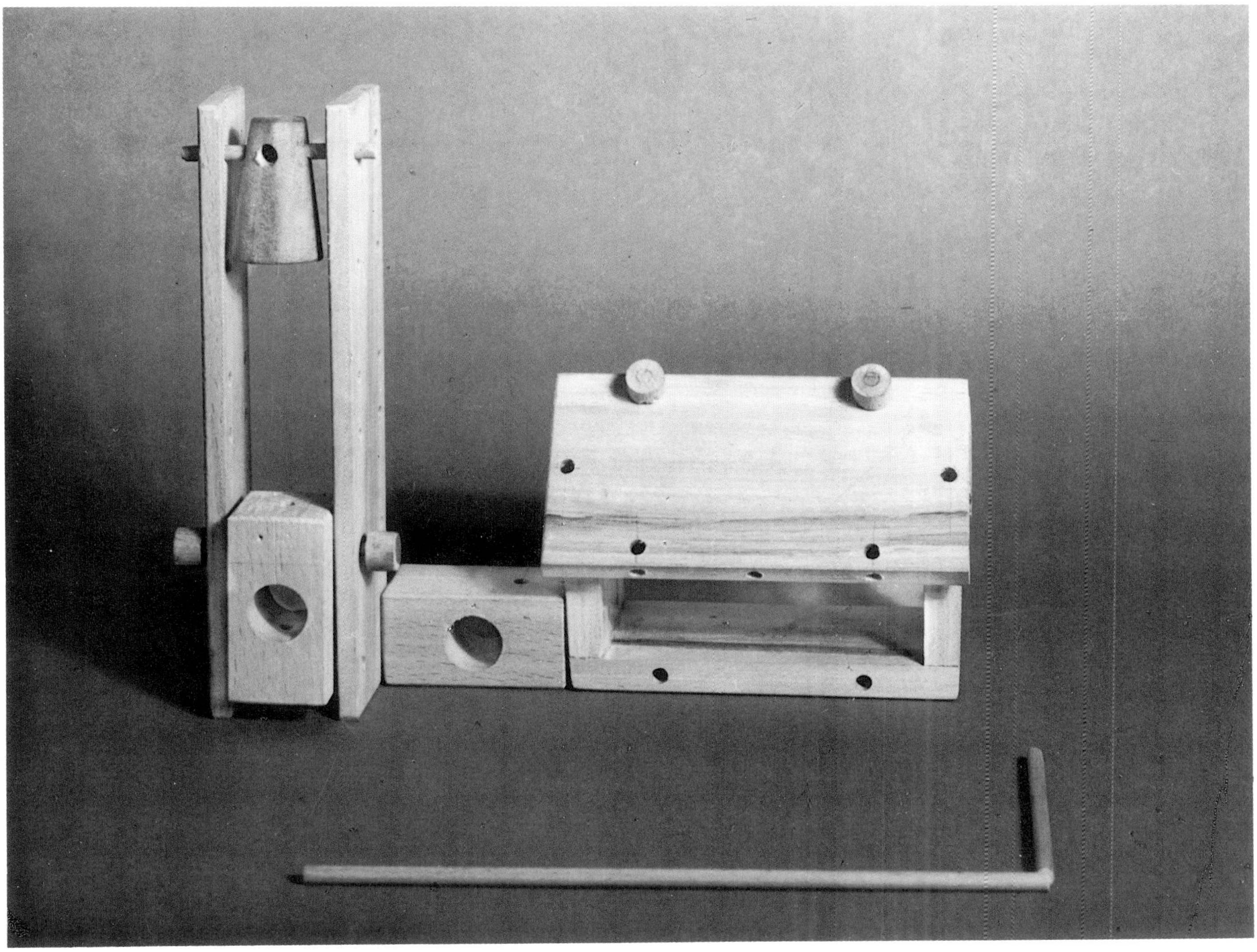

Herstellung des Kastens

Der Kasten für den Spielzeugsatz besteht aus einfacher, aber unbiegsamer Pappe.
Die Zeichnung zeigt in Aufsicht und Ansicht alle Details, die zum Bau des Kastens nötig sind. Der Deckel ist hoch genug, um auch die zusätzlichen Teile der drei Ausbaustufen mit zu umfassen.

Die Länge des Kastens entspricht dem längsten Bauteil (Leiter, 161 mm) zuzüglich Luft. Das lichte Maß beträgt 166 mm, das Außenmaß 170 mm. Die Breite des Kastens beträgt im lichten Maß 109 mm, im Außenmaß 112 mm. Die Höhe des Kastens mißt mit dem Boden 60 mm.

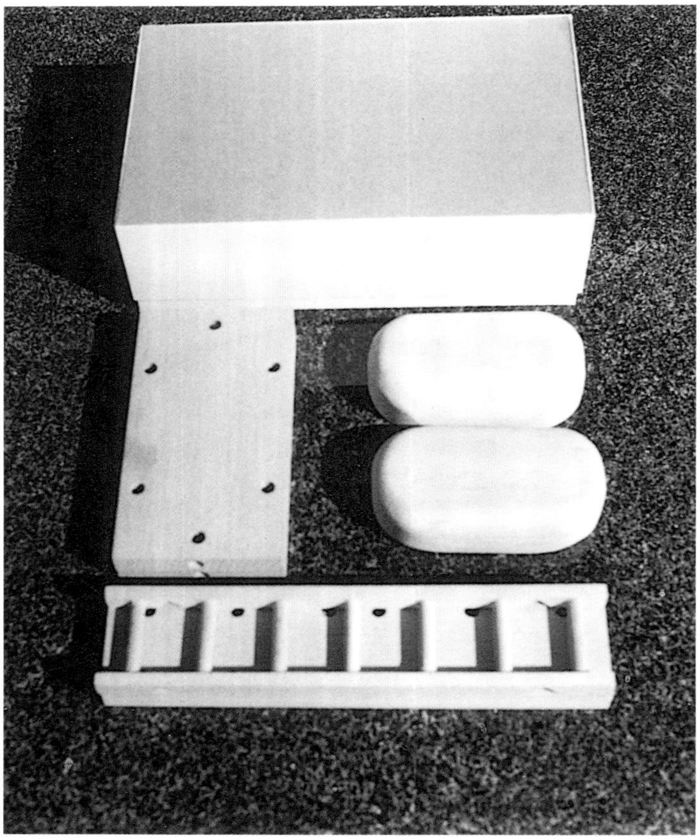

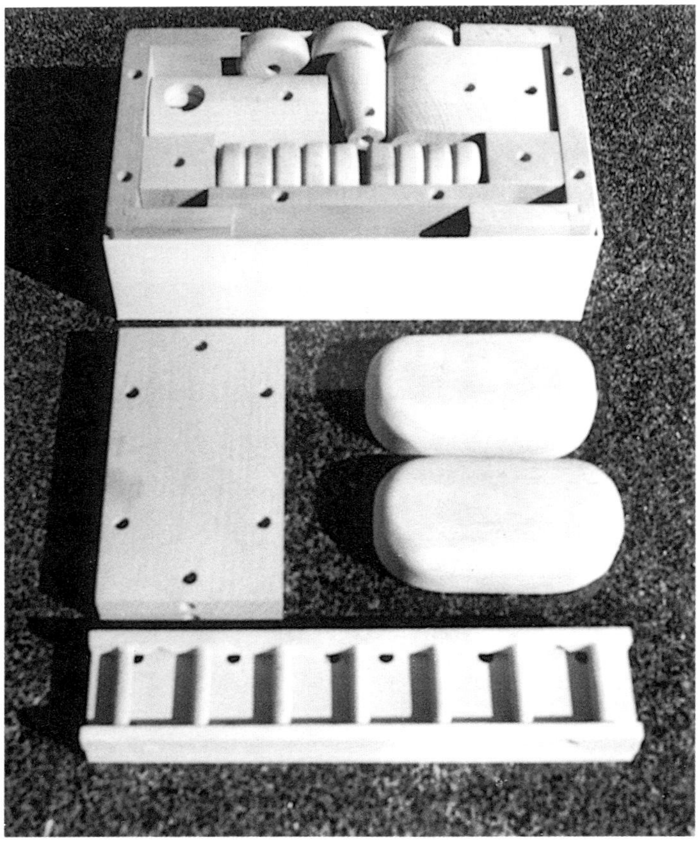

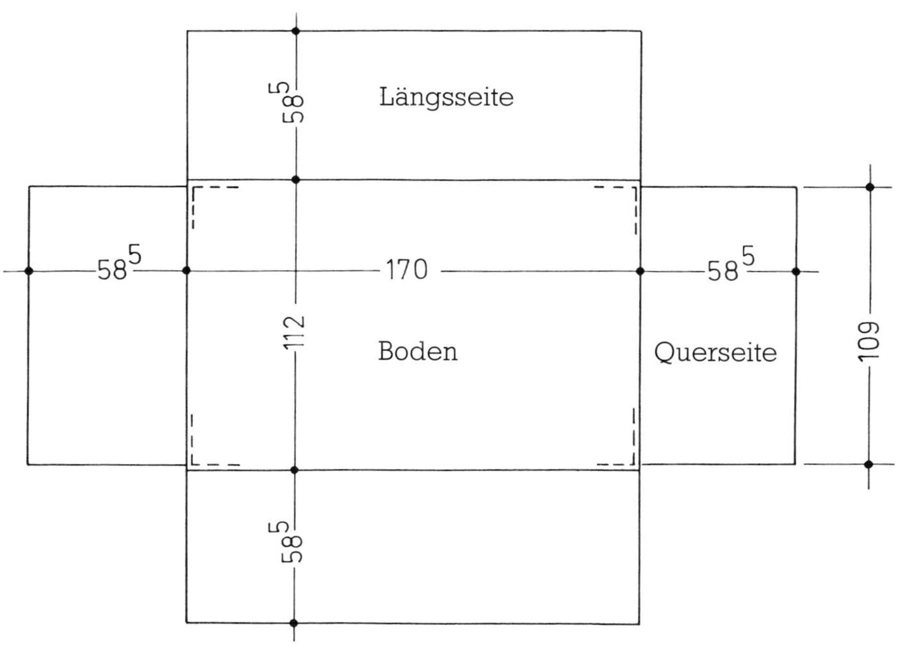

Der Zuschnitt der Teile muß die Stärke der Pappe berücksichtigen. In unserem Fall wurde 1,5 mm starker Karton verwendet.
Der Deckel sowie der Boden werden gleich nach dem Zusammenbau der Seitenteile aufgeklebt; damit steht der Kasten im Winkel.

Die Flächen werden mit einem scharfen Messer oder einem Cutter zugeschnitten und stumpf zusammengeklebt. Zusätzliche Verstärkungen sind kaum nötig.

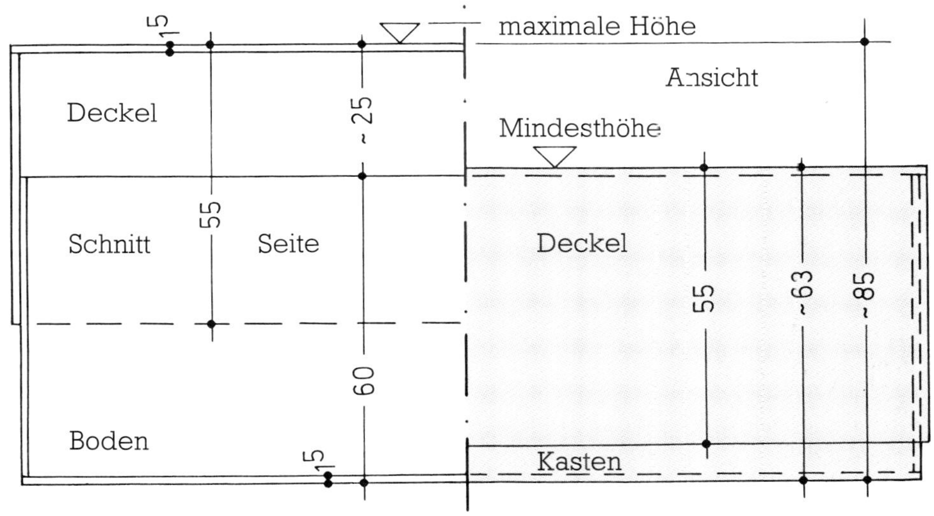

Der Deckel hat eine Höhe von 55 mm, eine Länge von 75 mm und eine Breite von 117 mm. Er paßt saugend über den Kasten. Durch die Teile der Ausbaustufen wird er um die Höhe der Boote und Leitern auf 8,5 cm angehoben.

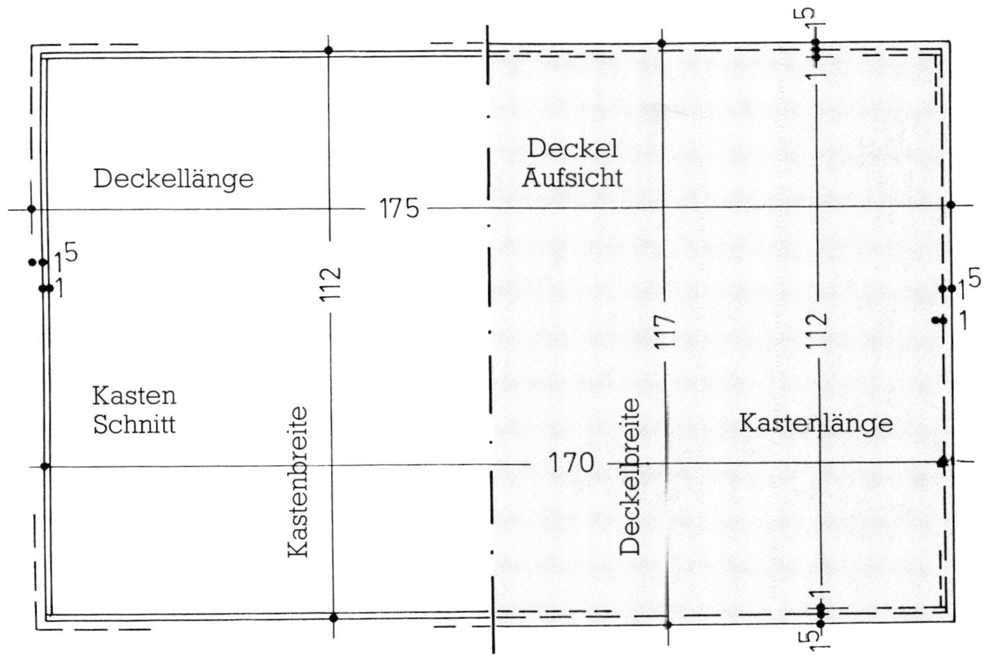

Als Schutz empfiehlt sich zum Abschluß ein Besprühen der Holzteile mit farblosem Lack und eine Selbstklebefolie für den Kasten.

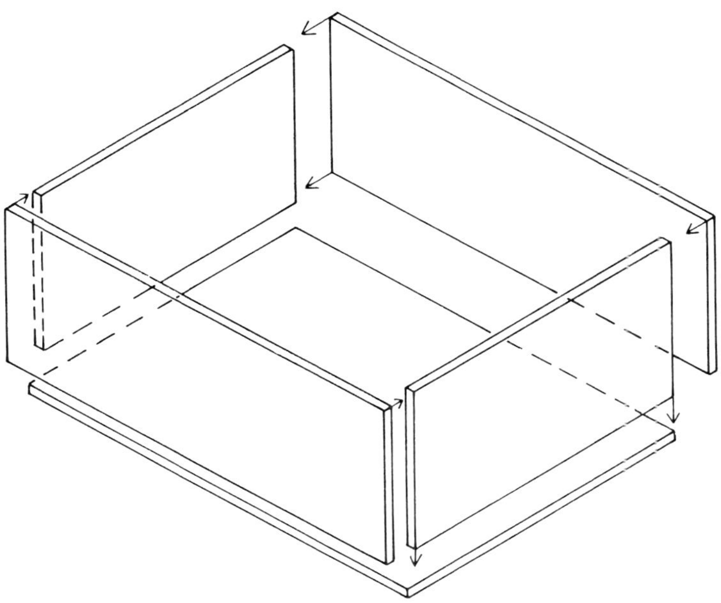

3 Feilen

Unter Mitarbeit von Lorenz Riethmüller

Das Feilen und Formen von Kanten und Flächen

Ornamentgestaltung an Dingen des Alltags

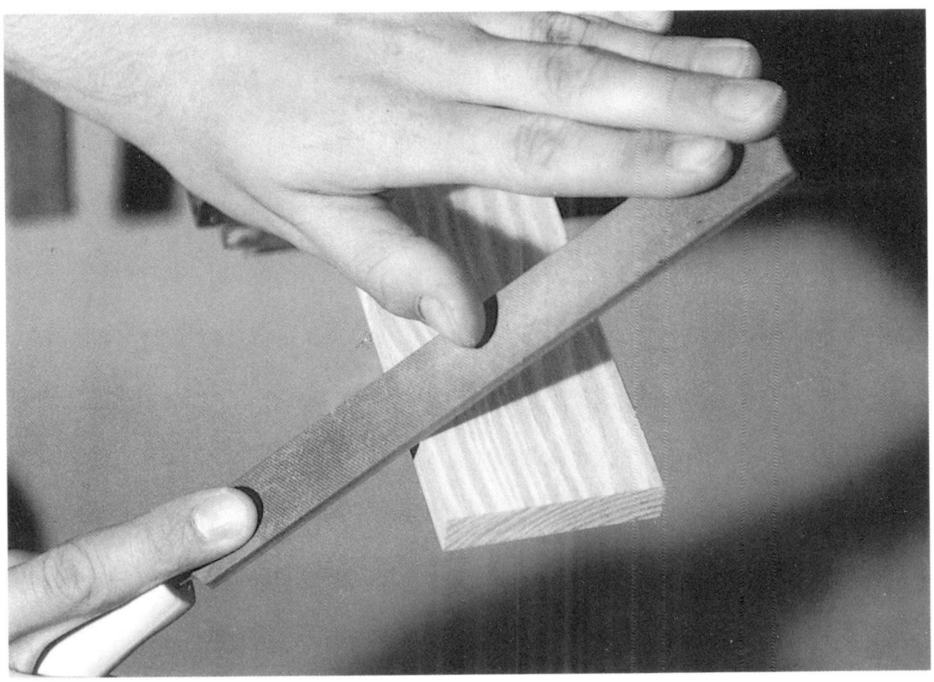

Die Idee für dieses Kapitel über das Feilen von Holz kam uns, als wir geschnitzte Arbeiten photographierten. Die Wirkung vieler gekerbter Ornamente begeisterte uns, so daß wir nach einem Weg suchten, auch ohne Kenntnis vom Schnitzen in dieser Art gestalterisch tätig zu werden.

Das Feilen muß sich zwar auf gerade durchlaufende Linien und Kerbungen beschränken, erlaubt aber doch erstaunlich viele Ornamente und läßt sich bei den verschiedensten Dingen anwenden.

Die in diesem Kapitel gezeigten Beispiele sollen anregen, eigenschöpferisch tätig zu werden. Wir wünschen dazu viel Freude.

Werkzeug und Material

Feilen

Das Werkzeug ist das einfachste, das man sich vorstellen kann.
Es ist nicht in dem Sinne scharf wie ein Messer; man kann sich also kaum verletzen.
Außerdem wird es nicht so schnell stumpf.

Die Klingen der Feilen sind mit einer rauh geschliffenen Oberfläche (Hieb) versehen.
Mit den Feilzähnen werden unter Verwendung entsprechender Stahlprofile die Formen aus dem Holz herausgearbeitet.
Die Werkstoffabtragung erfolgt zunächst mit grobhiebigen Schruppfeilen und anschließend mit feinhiebigeren Schlichtfeilen.

Einfachhieb

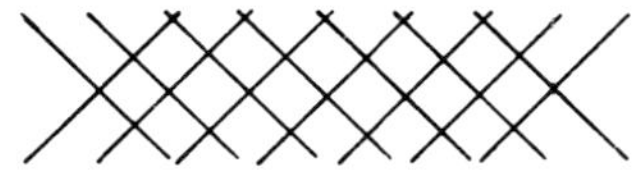

Kreuzhieb

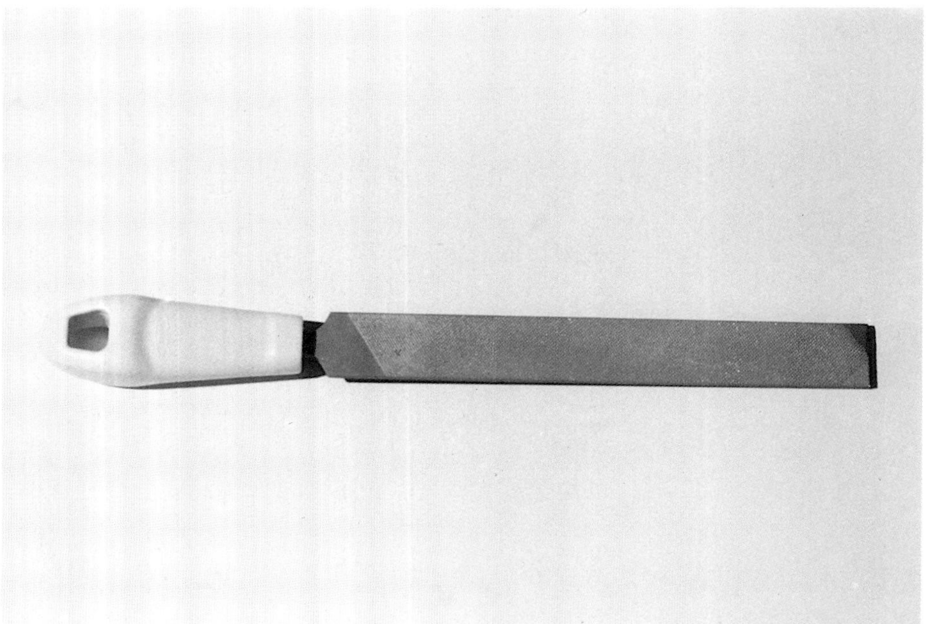

Die Flachfeile
ist rechteckig im Querschnitt

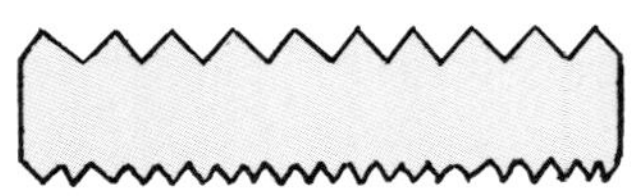

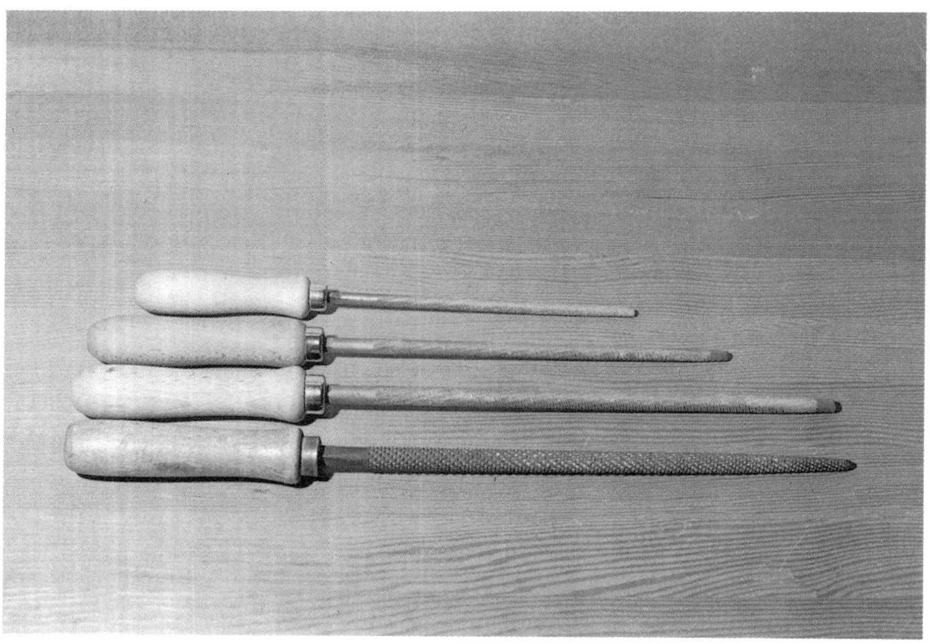

Rundfeile („Rattenschwanz")
Durchmesser von 6 bis 12 mm
Länge von 12 bis 24 cm

Dreikantfeile
Durchmesser von 6 bis 12 mm,
Länge von 12 bis 24 cm

Gleichschenklig, also leicht spitzwinklig

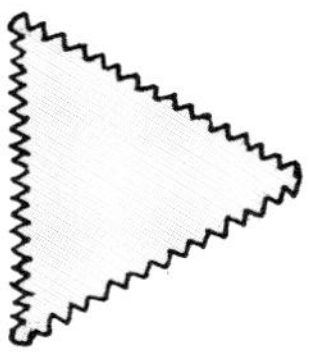

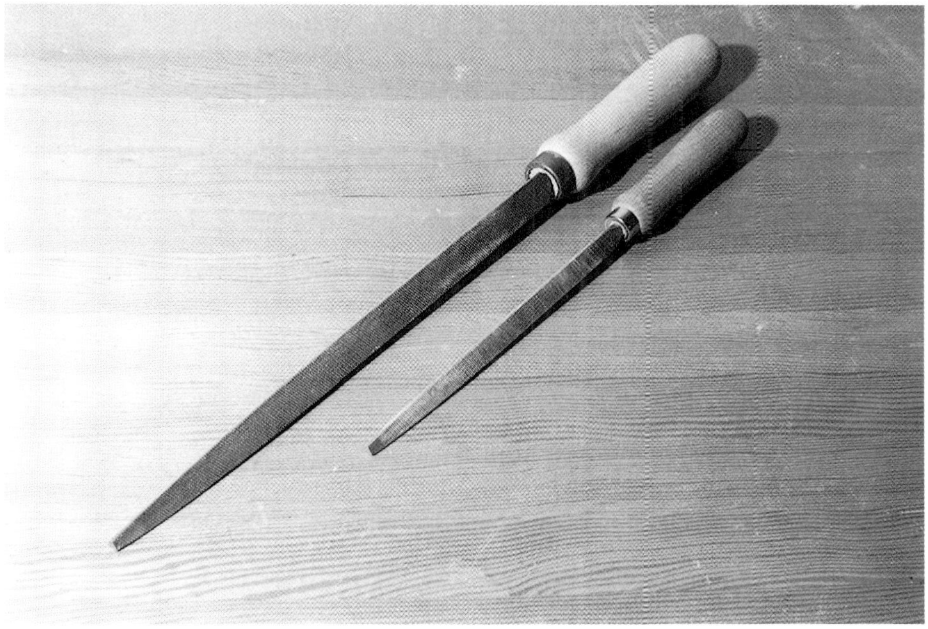

Kabinettfeile und Raspel
Einseitig leicht gebogen,
die andere Seite gerade

Länge 30 cm, Breite 28 mm

An den Kanten etwas zugespitzt

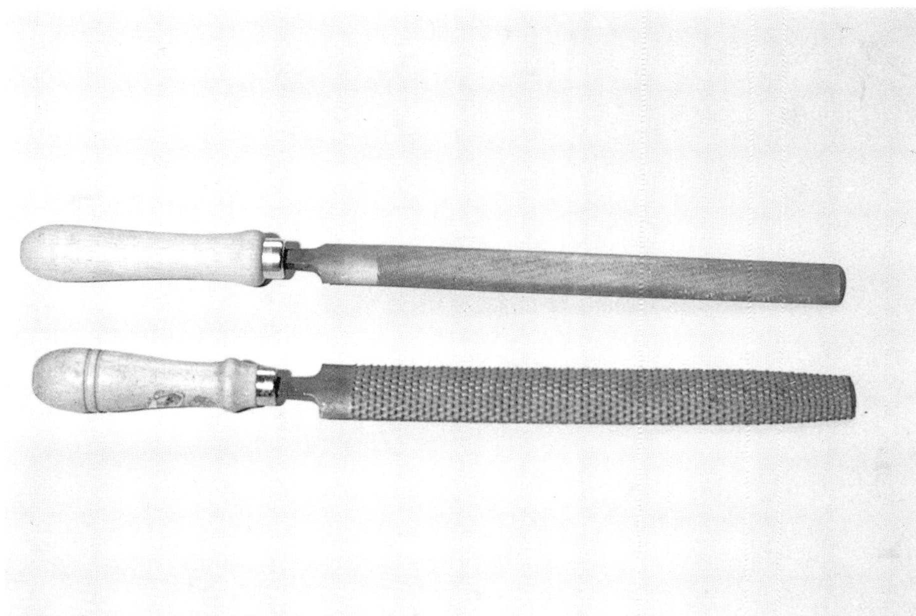

Feilen säubert man am besten mit warmem Wasser und einer Drahtbürste, ohne Druck. Das schont den Hieb.

Material und Spannvorrichtungen

Massivholz:
Leisten, Bretter, Kanteln, Profilhölzer

Holzarten:
Weichholz wie Pappel, Linde, Fichte, Kiefer
Hartholz wie Buche (dicht) und Eiche (offenporig)

Holzwerkstoffe:
Sperrholz

Halbfabrikate:
rohe, vorgefertigte, unbehandelte Teile, im Handel erhältlich von kleinen Kästchen bis zu ganzen Möbelstücken

Spannvorrichtungen:
Klammern und Zwingen

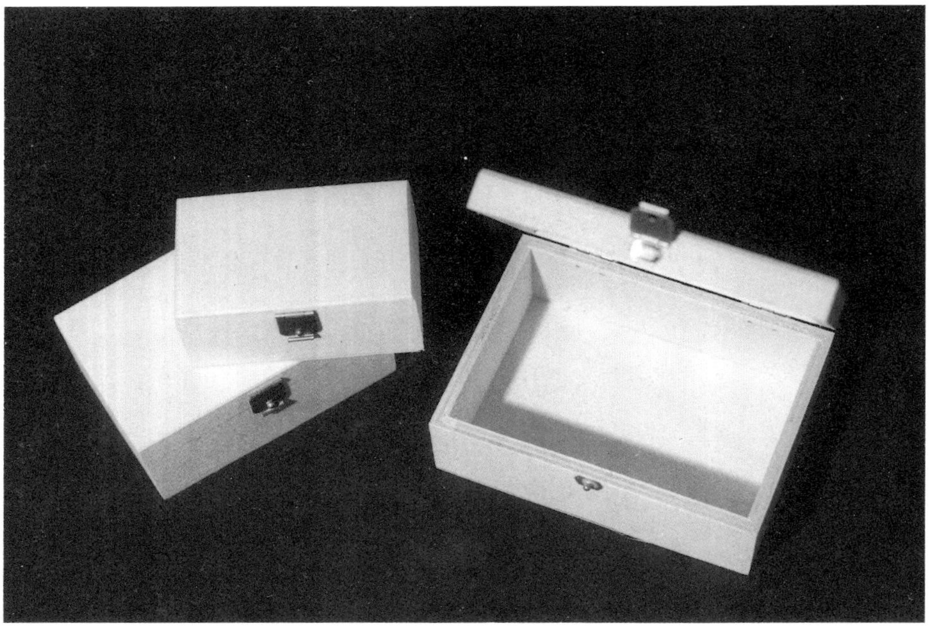

Kästchen haben Deckel, die an Scharnieren festsitzen und mehr oder weniger dicht schließen.

Als vorgegebene, unbehandelte Stücke fordern sie direkt zur Gestaltung heraus. Die Wandstärken erlauben die Anbringung tiefer Profile.

Dosen haben lose Deckel, die über die Körper übergreifen und damit sehr gut abdichten.
Deckel und Körper liegen, im Gegensatz zu denen der Kästchen, außen aber nicht bündig.

Leisten gibt es aus verschiedenen Hölzern sowie in unterschiedlichen Abmessungen und Profilen.

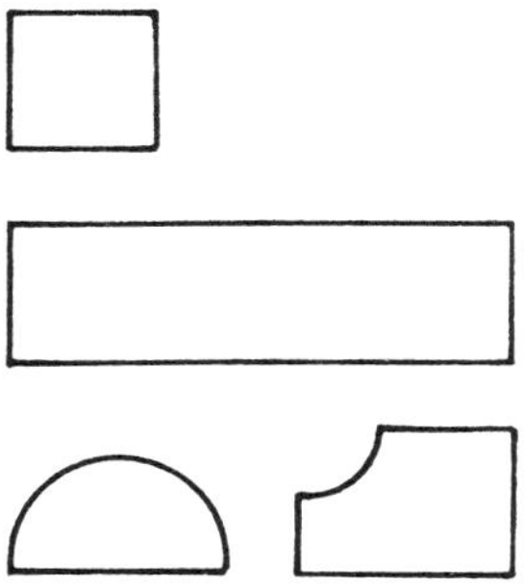

Klammern dienen dem schnellen und leichten Festklemmen von Werkstücken. Sie bestehen aus Holzschuhen mit Korkauflage, verbunden mit einem Metallsteg. Ihre Klemmwirkung ist verhältnismäßig gering.

Zwingen dienen dem Festschrauben auch großer Arbeitsstücke. Aus Metall bestehend, sind sie schwer und kräftig gebaut und üben eine hohe Druckkraft aus.

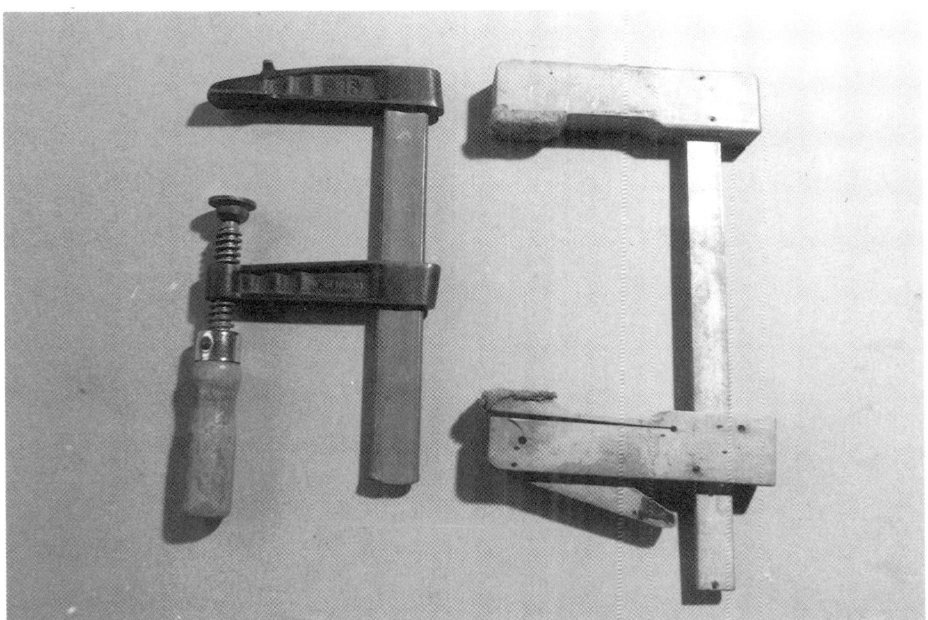

Einsatz von Sägen

Sägen dienen zum Ablängen und Zuschneiden von Holz und Holzwerkstoffen.

Die Teile werden so zur Bearbeitung vorbereitet. Das Ausschneiden nichtgerader Formen bedingt besondere Sägen mit schmalem Blatt.

Die Schnitte erfolgen mit den hintereinander angeordneten Zähnen bei Handsägen vorwiegend durch Stoß und bei Maschinensägen durch Zug.

Die Stichsäge hat ein sehr schmales Blatt, um auch Schweifungen mit kleinem Radius ausführen zu können.

Das Blatt der Handsäge läuft nach vorn leicht spitz zu.
Da es schmal ist, muß es, um dem Druck beim Sägen standzuhalten, eine gewisse Stärke aufweisen. Der Verschnitt ist daher recht hoch.

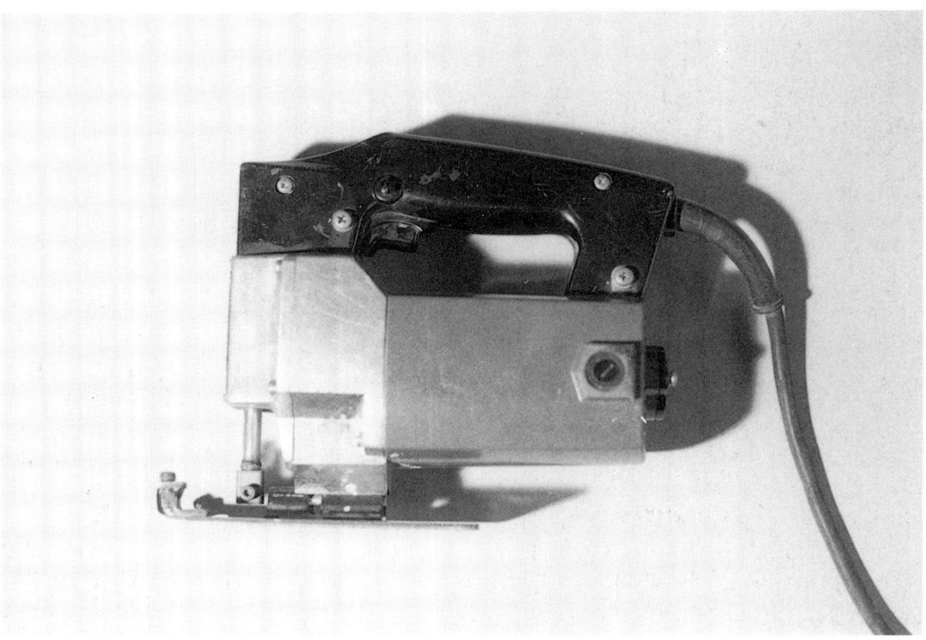

Die Maschinen-Stichsäge mit Elektroantrieb hat einen Führungsschlitten, mit dem sie über das Werkstück geschoben wird.

Die Feinsäge hat ein paralleles Blatt mit feinen Zähnen und damit wenig Verschnitt. Ein Rücken verstärkt das dünne Blatt, erlaubt jedoch kein vertikales Durchstoßen eines Brettes, und die Schnittlänge ist begrenzt.

Der Fuchsschwanz hat ein trapezförmiges Blatt mit gröberen Zähnen. Der Schnitt ist derb, die Schnittlänge unbegrenzt. Beim Schneiden ist auf Stoß zu belasten.

Das Ansetzen der Säge benötigt eine Führung. Der Daumenrücken der linken Hand bietet einen solchen Halt.

Die Schnittführung über die ganze Breite garantiert bei schmalen Brettern einen geraden Schnitt. Er ist ruhig, waagerecht und auf ganzer Länge auszuführen, entlang dem Bleistiftriß.

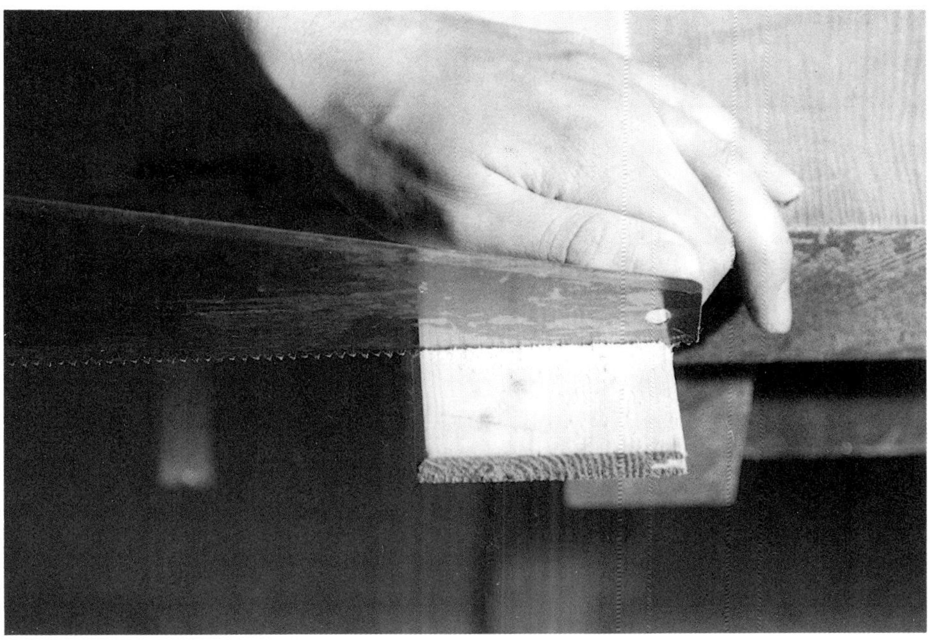

Hilfsmittel

Lehren, Laden und Schmiegen sind geeignet, um die Richtung und Neigung beim Feilen einhalten zu können. Nicht nur Laien, sondern auch Fachleute bedienen sich solcher praktischen Hilfen. Sie lassen sich aus wenigen Brettern ohne sonderliche Mühe anfertigen. Die Stücke werden stumpf zusammengeleimt oder verschraubt. Die Endigungen – gerade, schräg und geneigt – sowie die Einschnitte müssen allerdings sehr genau ausgeführt werden, um allen Werkstücken exakte Ausrichtung zu geben.

Die Anschlaglehre

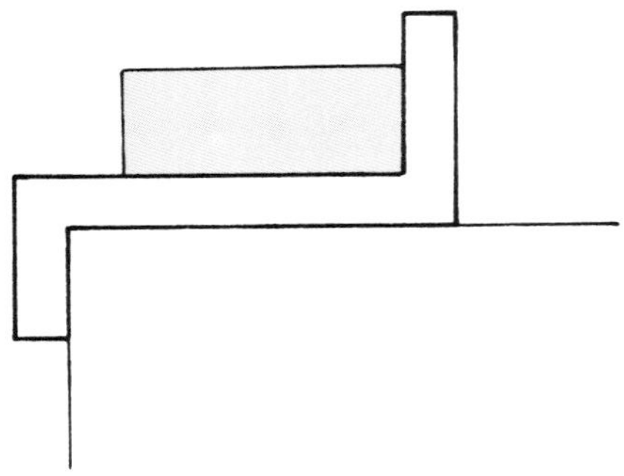

Das Werkstück wird in die Lade eingelegt und mit der linken Hand gehalten.

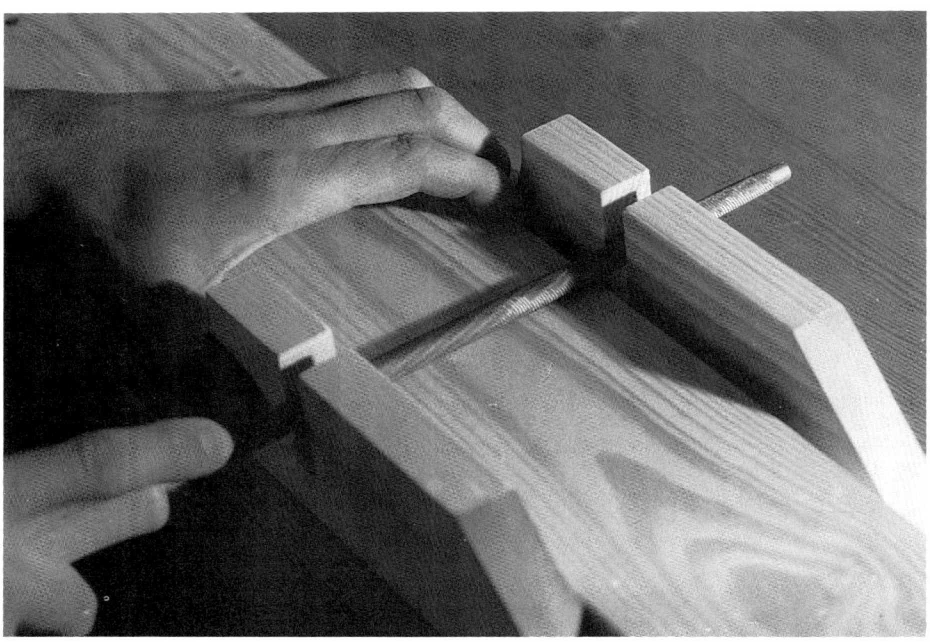

Die Schneidelade

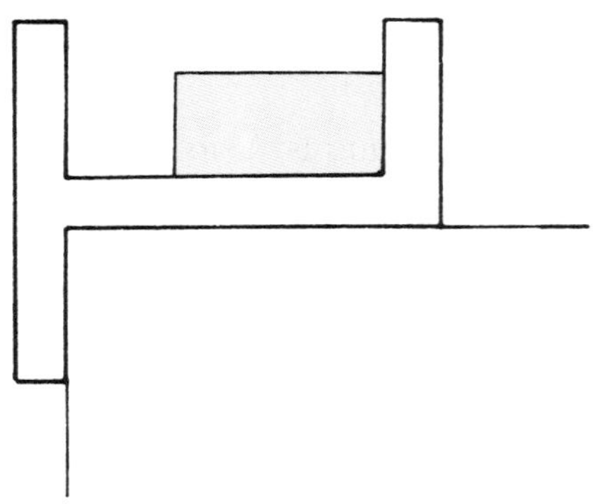

Das Werkstück wird im Winkel angeschlagen und mit der linken Hand gehalten.

Schiebelineal

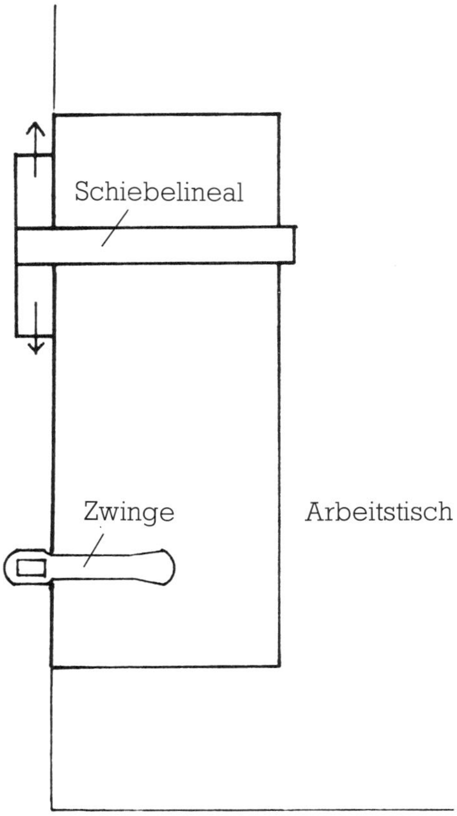

Das Werkstück wird mit einer Zwinge festgeklemmt.

Die Schmiege ist eine schräg geschnittene Schneidelade, an deren Ende dem Werkzeug Führung geboten wird.
Bei der Benutzung ist Vorsicht geboten, daß die Schmiege nicht beschädigt wird. Sie sollte deshalb farbig markiert werden, dann erkennt man eine Beschädigung.

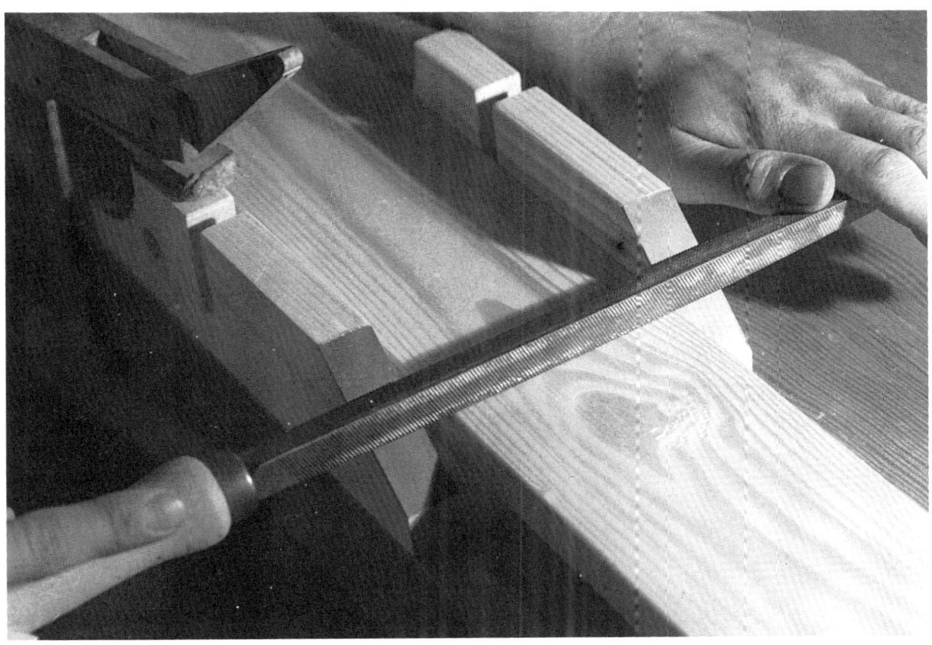

Handhabung der Feile

Der Arbeitsvorgang ist auch für Laien relativ einfach. Die Handhabung des Werkzeugs ist mit einigem Üben schnell und leicht zu erlernen. Sie beruht im Prinzip auf einem Hin- und Herbewegen, ohne seitliches Verschieben und Verkanten. Der erste Ansatz wird am besten ausgeführt indem man die Feile zieht. In der so gewonnenen Führung wird dann auf Stoß gearbeitet.

Die Abspanung wird durch einen gleichmäßigen und ruhigen Stoß ohne Kraftaufwand vorgenommen. Die rechte Hand hält die Feile am Heft, die linke führt sie mit den Fingern oder mit dem Handballen. Fehlerhaft ist ein Verkanten der Feile und ihre Querführung über das Werkstück.

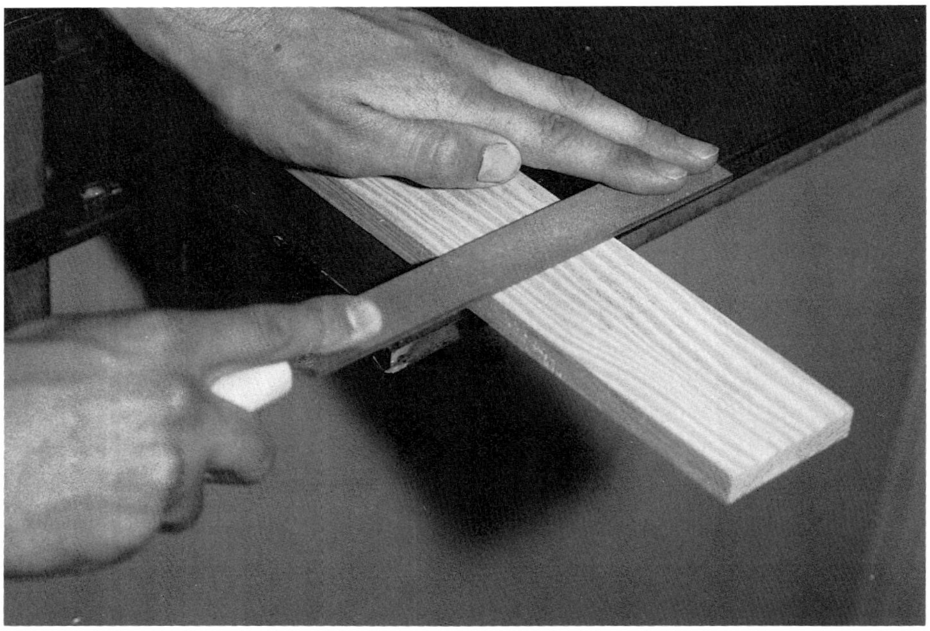

Mit zwei Fingern übt man beim Flachfeilen leichten Druck aus. Um stärkeren Druck zu erreichen, legt man die Handfläche auf das Ende der Feile.

Das Entgraten, d.h. das Glätten rauher Sägeschnittkanten.

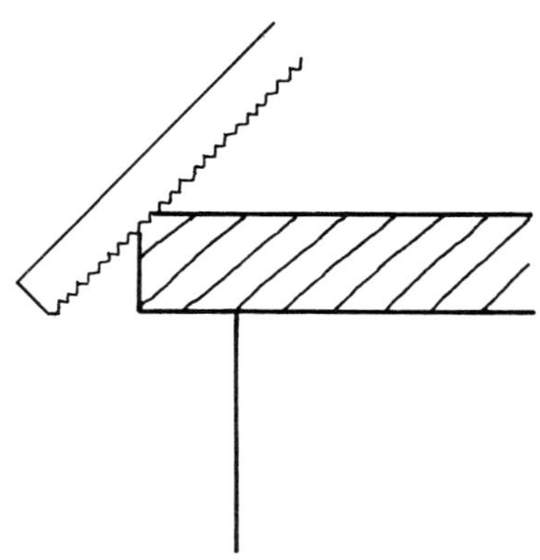

Die Vorarbeiten umfassen neben der Materialwahl das Schneiden und Abstechen von Kanten.

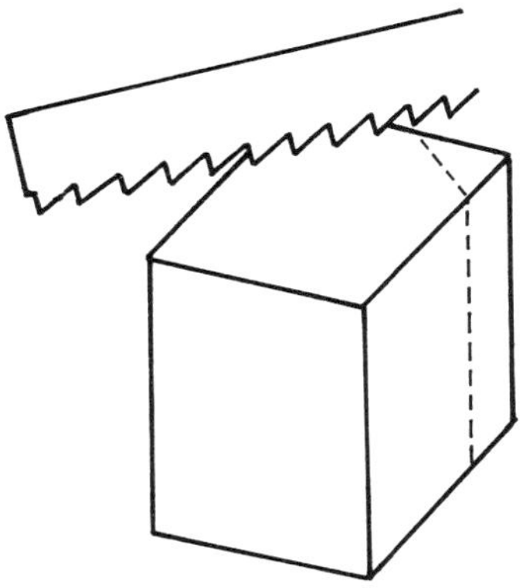

Das Zuschneiden von Kanten:

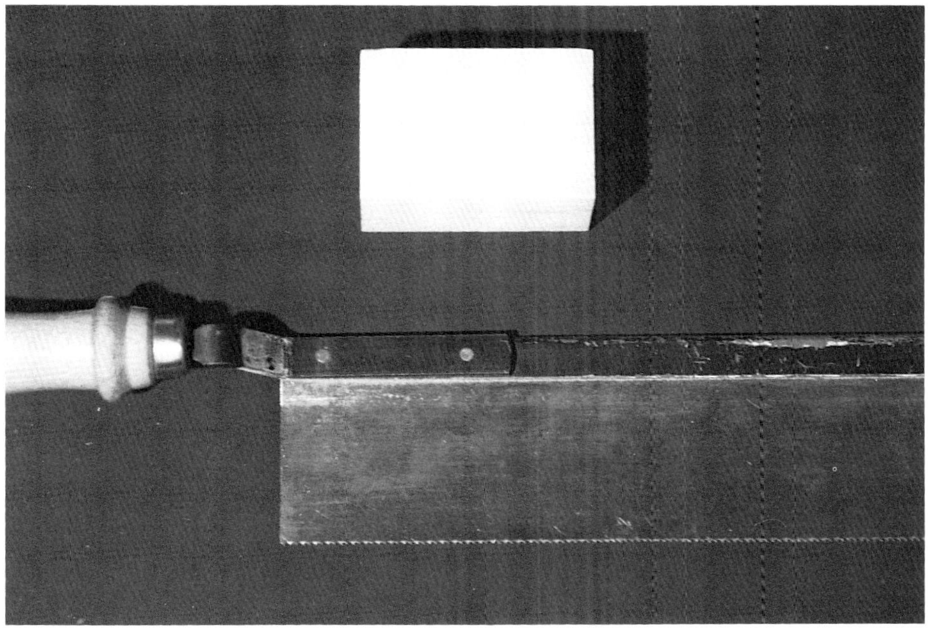

Abkanten der Stücke

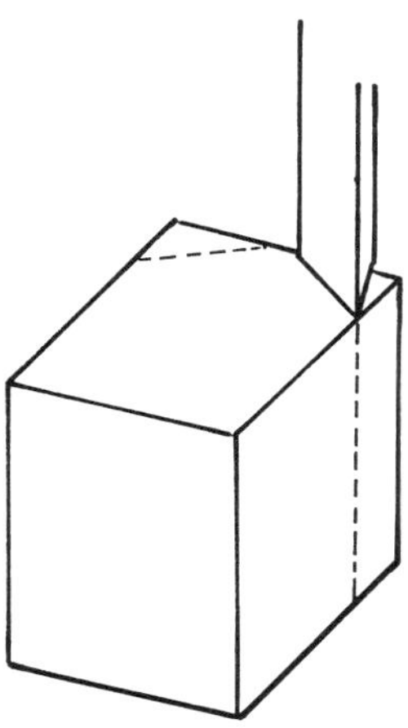

Abstechen und Kantenbrechen

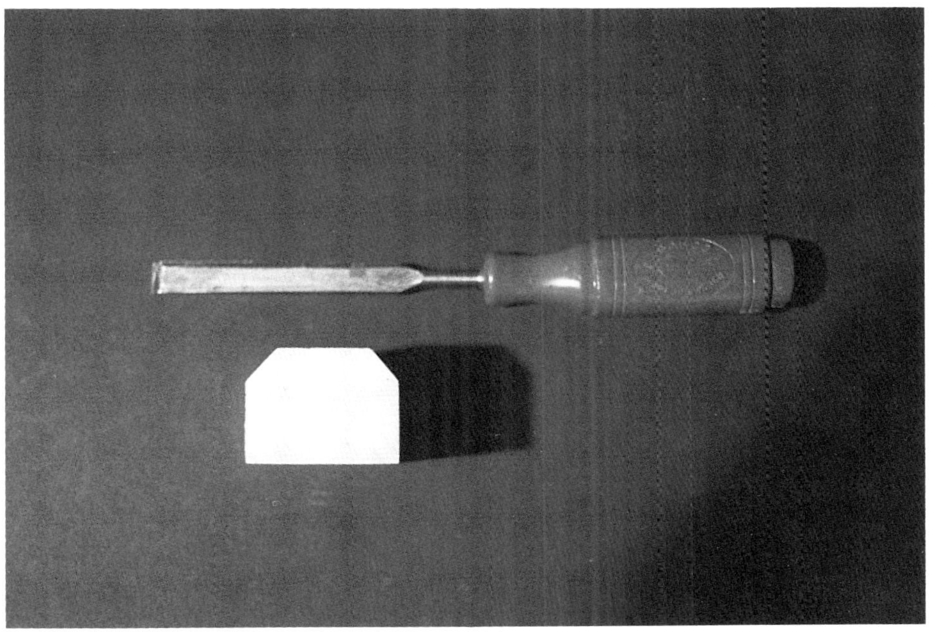

Zum Abrunden der Flächen wird die Feile in einem Arbeitsgang zuerst auf- und dann abwärts geführt.

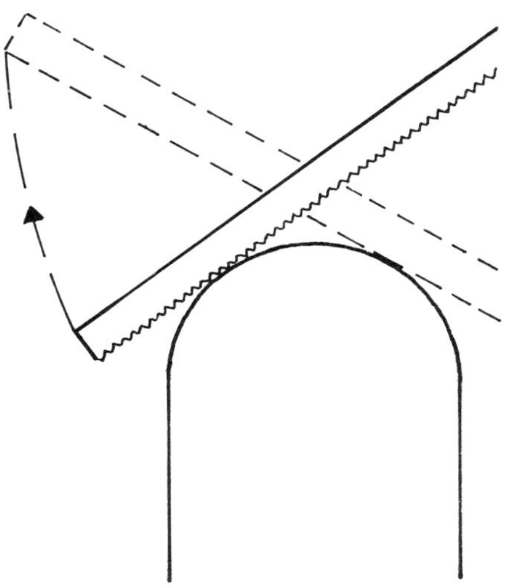

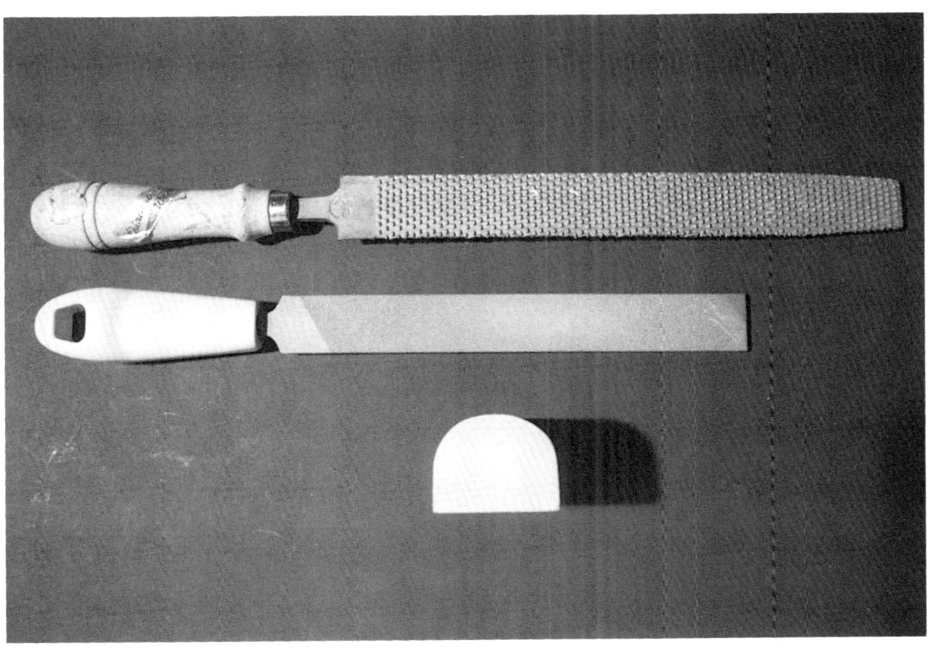

Entwurf und Gestaltung

Eine Idee ist die Voraussetzung für einen Entwurf und dieser wiederum für die Ausführung. Der Weg zur Gestaltung kann aber auch praktisch, d.h. durch konkrete Versuche vollzogen werden. Letzteres ist leichter, denn die Bindung an die Feilenprofile ist wesentlich. Sie erlauben nur geradlinig auszuführende Furchen und Kerben.

Übungsstücke regen am ehesten zu Ornamentvarianten an. Rasch kommt man beim Probieren auf interessante Muster.

Bei deren Einsatz sind allerdings Nutzen und Größe der zu gestaltenden Gegenstände zu berücksichtigen. Ein Zuviel an Verziehrung beeinträchtigt den Eindruck. Weniger ist in jedem Falle mehr!

Entwerfen
Variation der Grundprofile

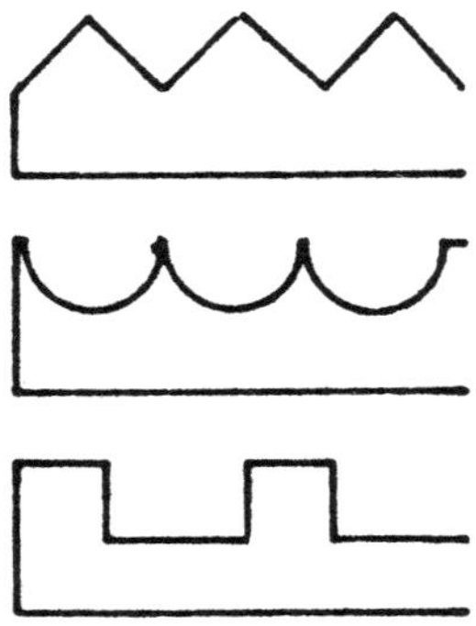

Auszeichnen

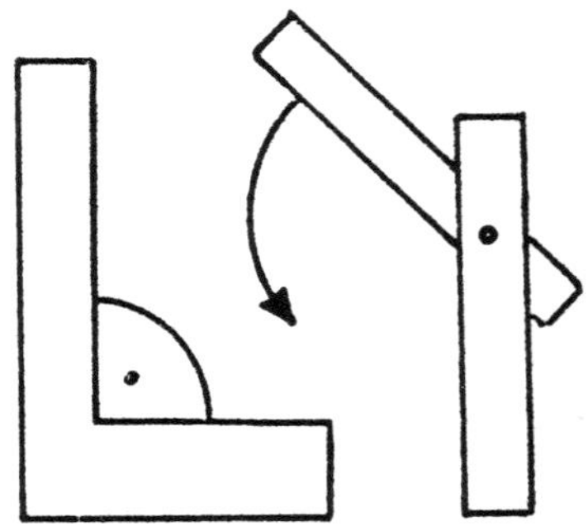

Flächenprofile
gerade
schräg
gekreuzt

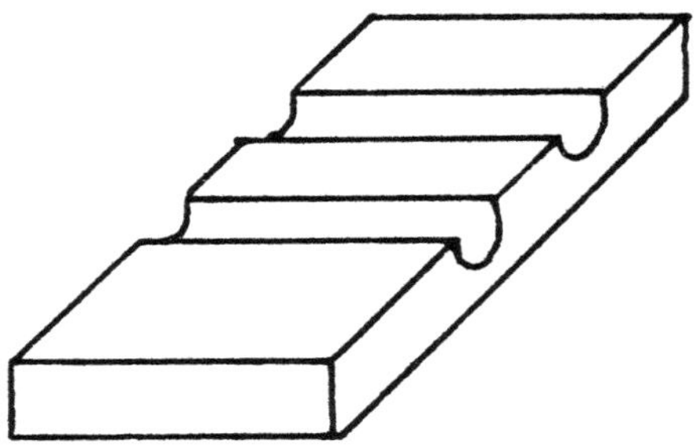

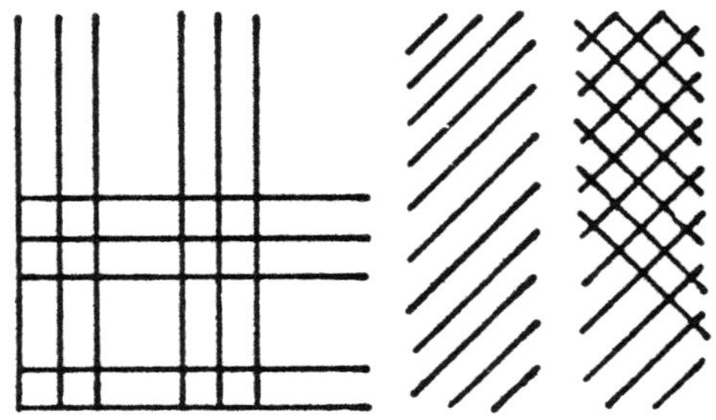

Kantenprofile
hochkant
liegend

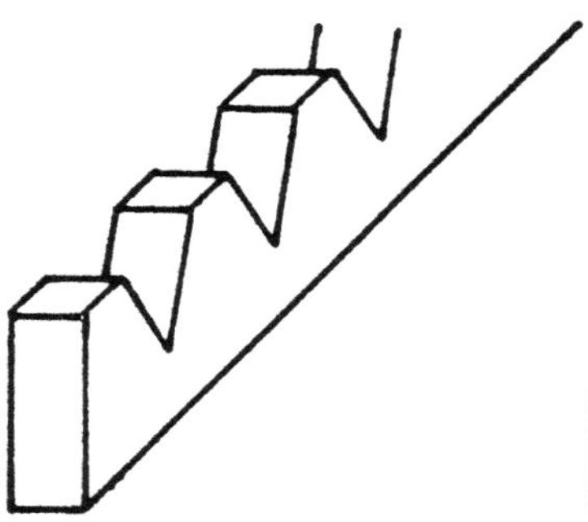

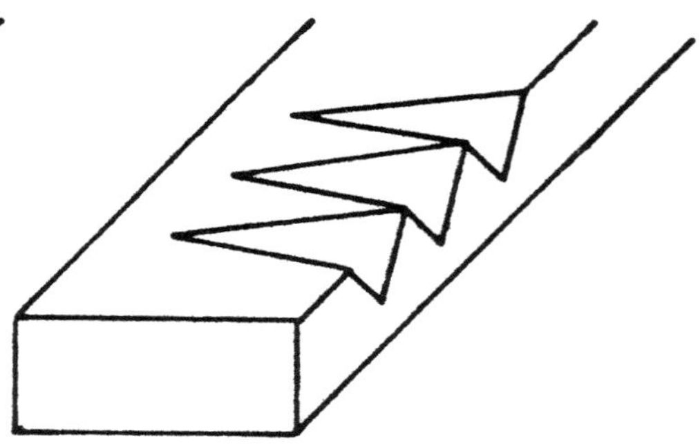

Fasen
(Abschrägungen an Kanten, parallel durchlaufend oder stückweise spitz auslaufend)

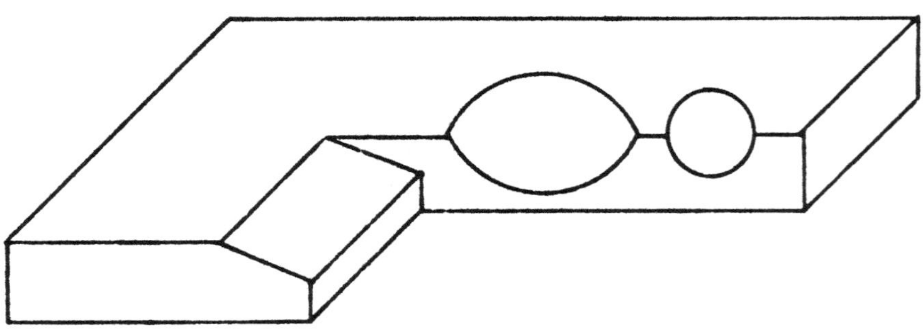

Endigungen

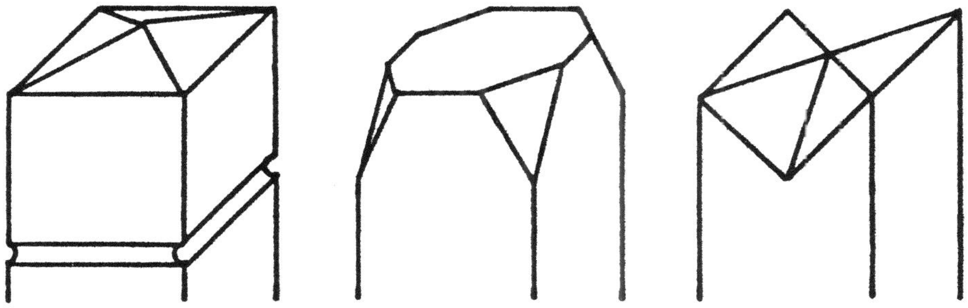

Verwerfungen und Verschiebungen

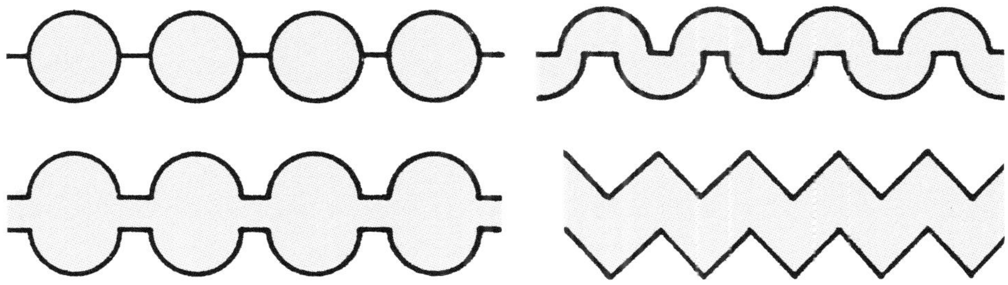

Additionen und Spiegelungen

Aufdickten und Übereckstellen

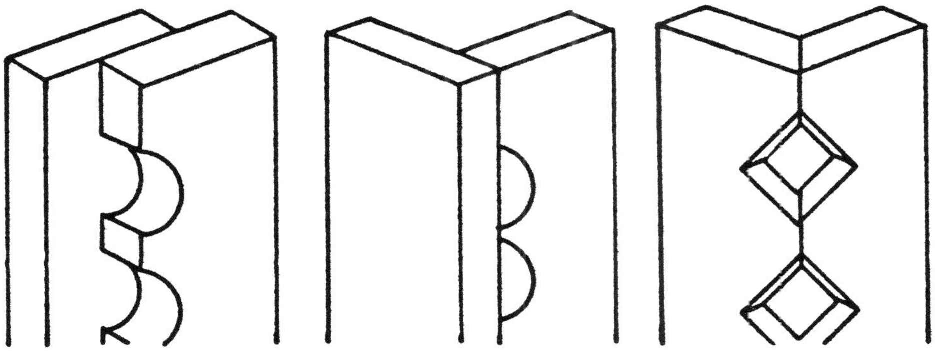

Schleifen
Rundungen und Flächen
längs – quer

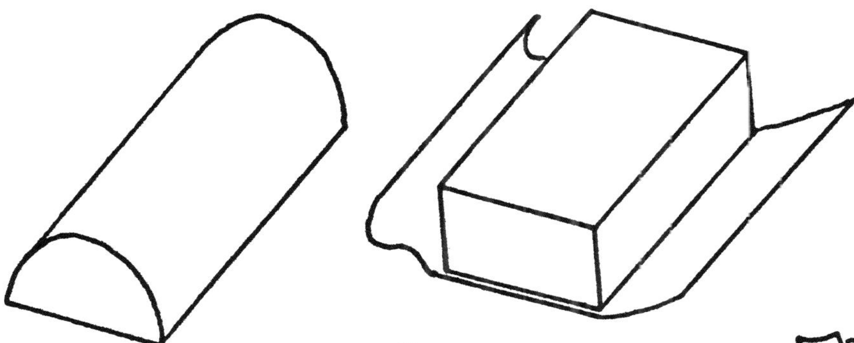

Farbgestaltung
Lackieren
Beizen
Streichen
Spritzen

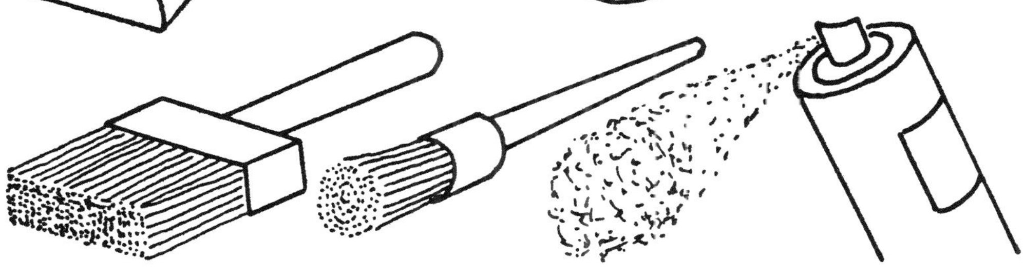

Entwerfen

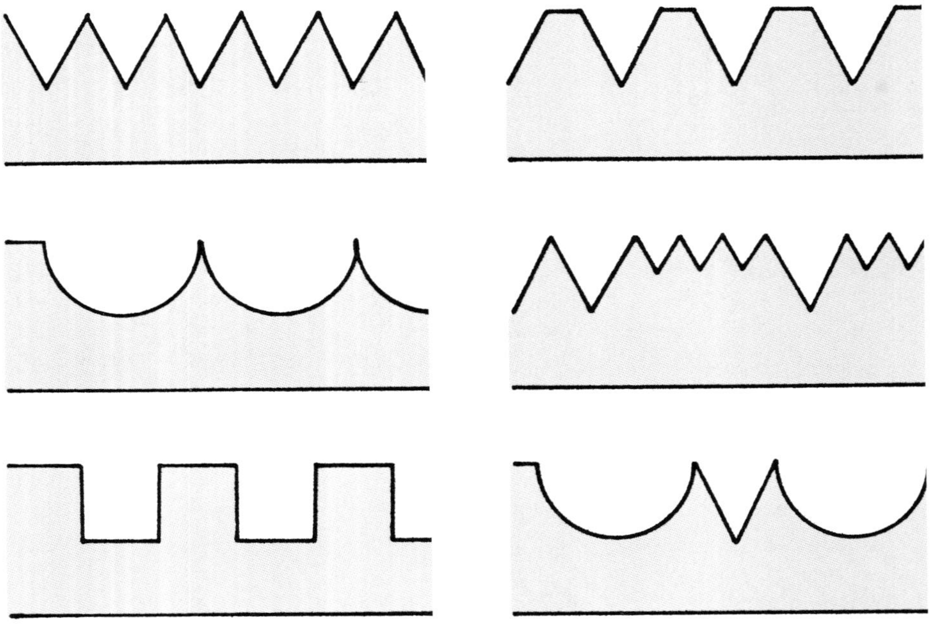

Grundprofile entsprechen den Feilenquerschnitten.

Keilformen und Rundungen überwiegen.
Rechteckeinschnitte sind seltener.

Die Kombination von Profilen erfolgt nicht nur durch ihre direkte Addition, sondern durch verschiedene Abstände und unterschiedliche Tiefenausbildung.

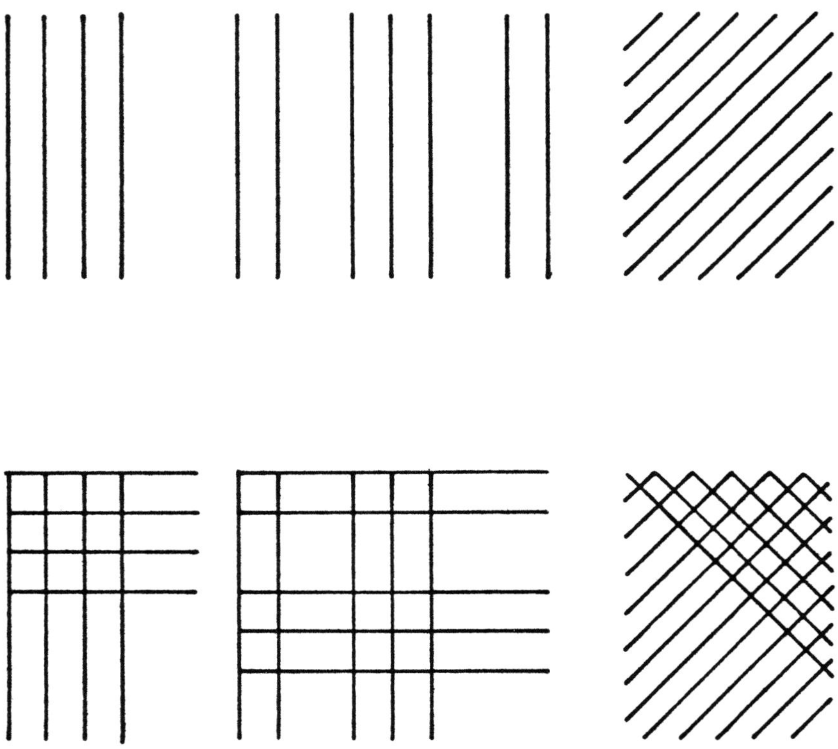

Linienscharen werden in regelmäßigen oder unregelmäßigen Abständen lotrecht, waagerecht und schräg angeordnet.

Verkreuzungen gefeilter Linien, quer, längs und schräg, variieren ebenso wie die Linienscharen.

Profilreihen durch seitliche Verschiebungen, Dehnungen und durch das Kippen in einer Symmetrieachse.

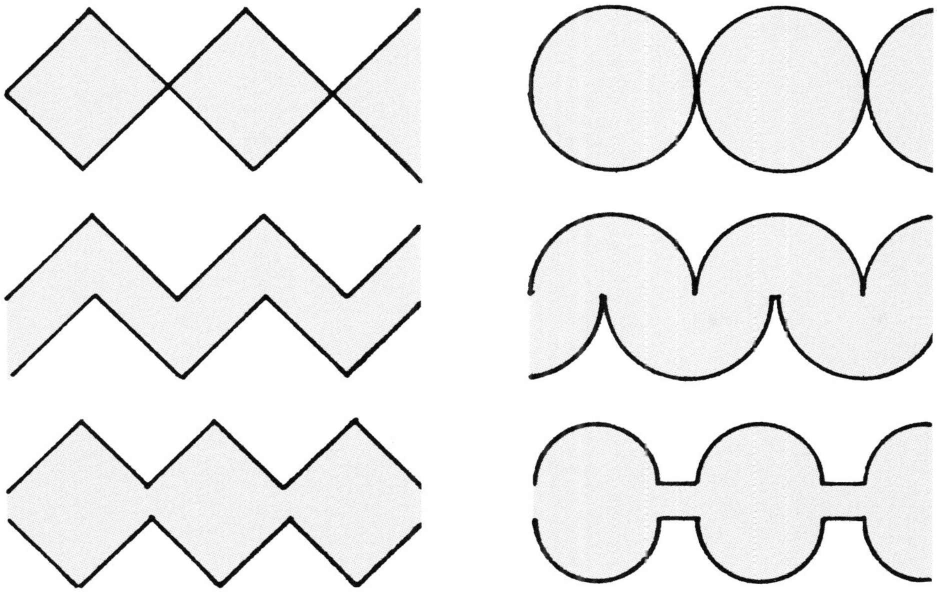

Die Spiegelung von Profilen ergibt reizvolle Ornamente. Hilfsmittel dafür sind z.B. Taschenspiegel oder Scherenschnitte.

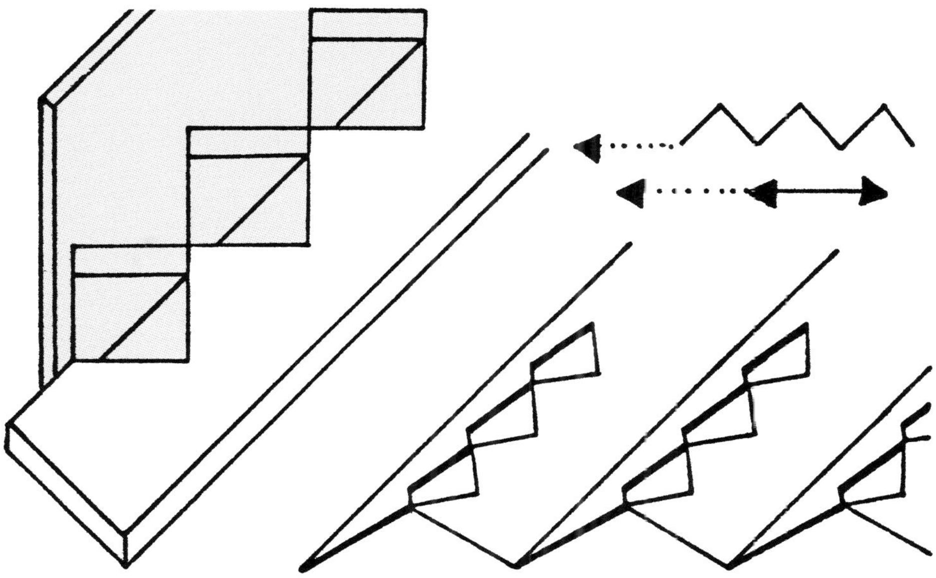

Suchmodelle für das Entwerfen von Dekoration sind praktische Hilfsmittel.
Pappstreifen mit gleichen oder ungleichen Profilen werden gegeneinander geschoben. Dabei müssen die Zwischenräume kontrolliert werden hinsichtlich der Proportionen und Dimensionen.

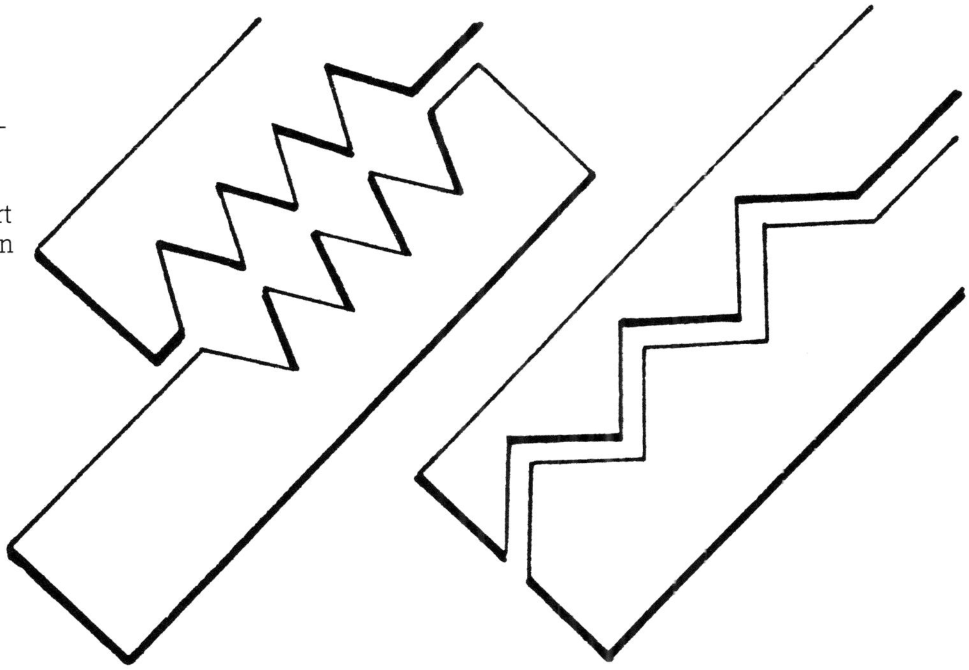

Anreißen

Der Entwurf für ein Profil muß auf das zu feilende Werkstück übertragen werden.
Parallel zu den Kanten verlaufende Linien werden mit Hilfe eines Anschlages – Finger oder Zollstock – gezogen.
Rechtwinklige Linien zieht man am Winkel. Alle anderen Figuren lassen sich zwischen solchen Orientierungslinien frei einsetzen.

Das Vorzeichnen von Entwürfen auf das Holz geschieht am besten mit einem weichen, aber spitzen Bleistift.
Leicht lassen sich die Linien korrigieren, auch hinterlassen sie keine Spuren wie etwa Kugelschreiber oder Nadeln.

Flächenprofile werden mit einfachen Strichen angezeichnet.

Kantenprofile werden der Genauigkeit halber besser in beiden Dimensionen gezeichnet.

Der Zollstock dient zum Messen und Abtragen von Maßen, der Winkel zum Anreißen von 90°-Linien, die Schmiege zum Auftragen von Linien unter spitzem Winkel. Sie ist fest oder verstellbar.

Gerade Linien werden bei kurzen Randabständen ohne Hilfsmittel mit dem Finger an der Kante angerissen.

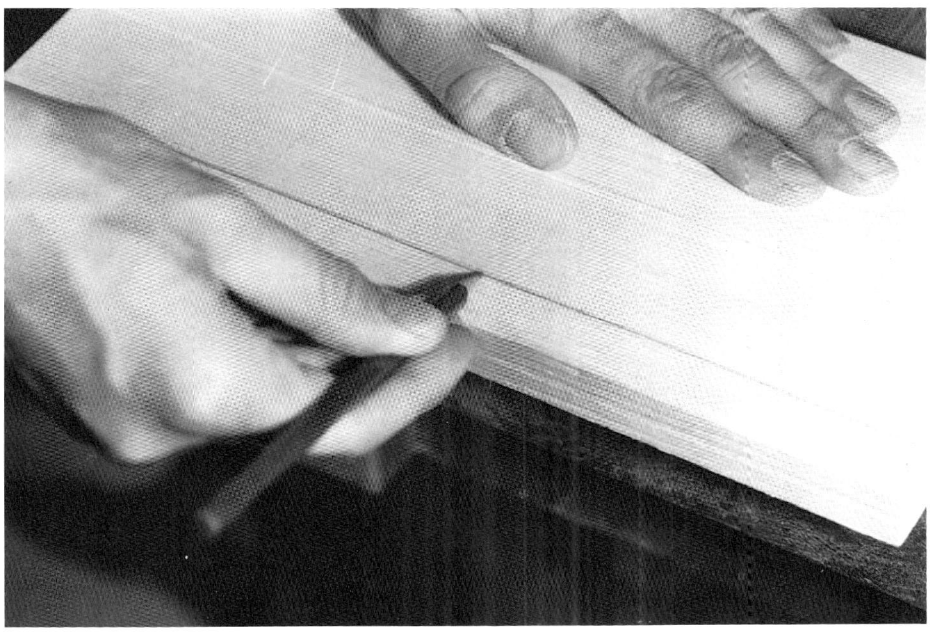

Das Anreißen mit dem Zollstock erlaubt breiteres Abtragen von Parallelen zu einer Brettkante.

Flächenprofile

Die Profilformen entsprechen am besten den Feilenquerschnitten, nur so werden sie gleichmäßig.
Die Profiltiefe bestimmt stark die Erscheinungsform.
Die Profilabstände, die gleich oder ungleich sein können, werden durch sie mitbeeinflußt.
Die Profileinrichtungen sind quer und schräg möglich; längs nur bei kurzen Stücken, da die Feilenhefte sonst anstoßen.

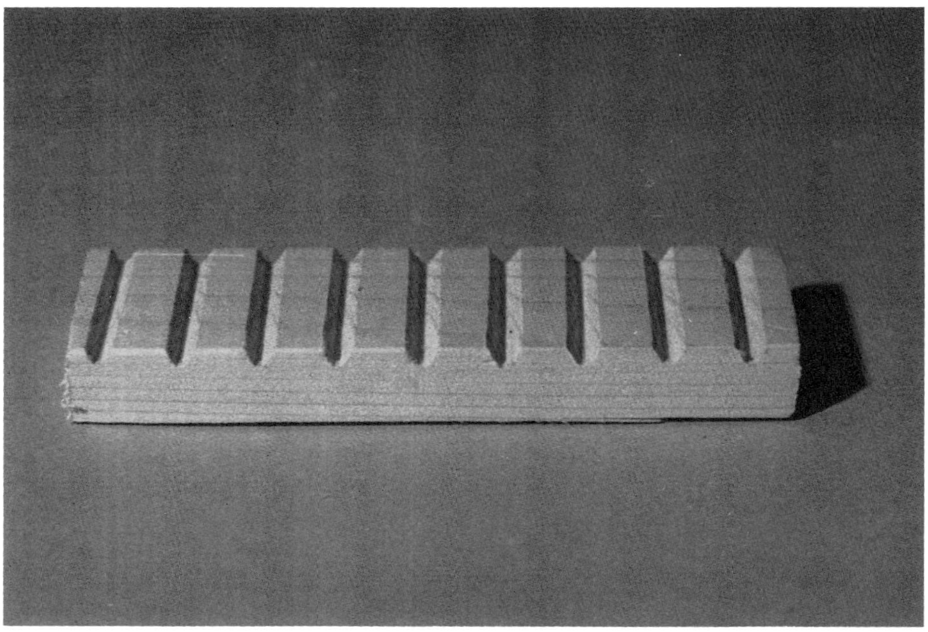

Kerbprofil mit der Dreikantfeile, wenig tief in gleichen Abständen angebracht.

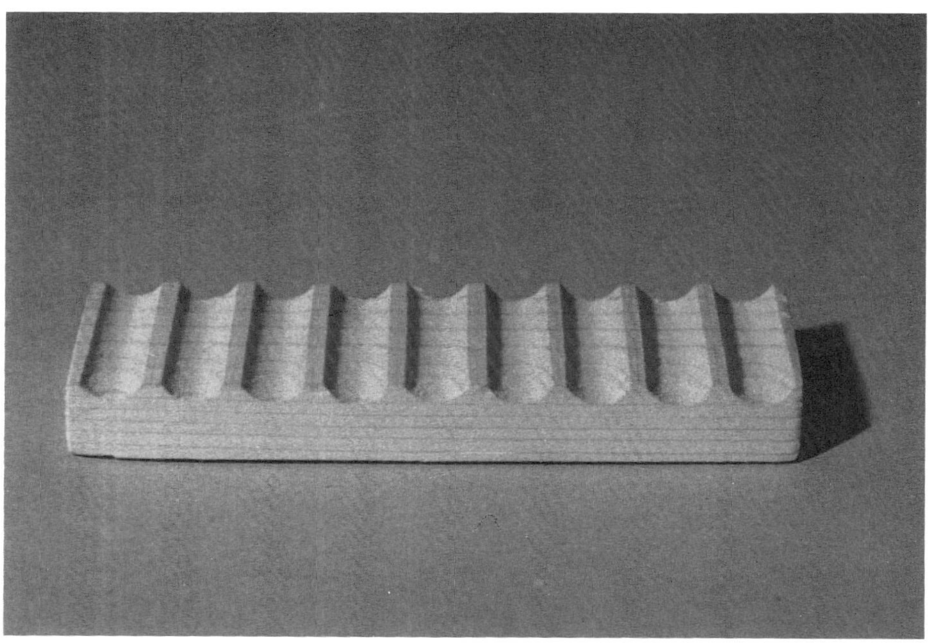

Hohlkehlenprofil, mit der Halbrund- oder Rundfeile ausgeführt.
Die Abstände der Kehlen sind für das Bild ebenso maßgebend wie diese selbst.

Hohlkehlenprofil, diagonal angeordnet und eng aneinandergereiht. Der Schrägschnitt ist gestalterisch sehr wirksam.

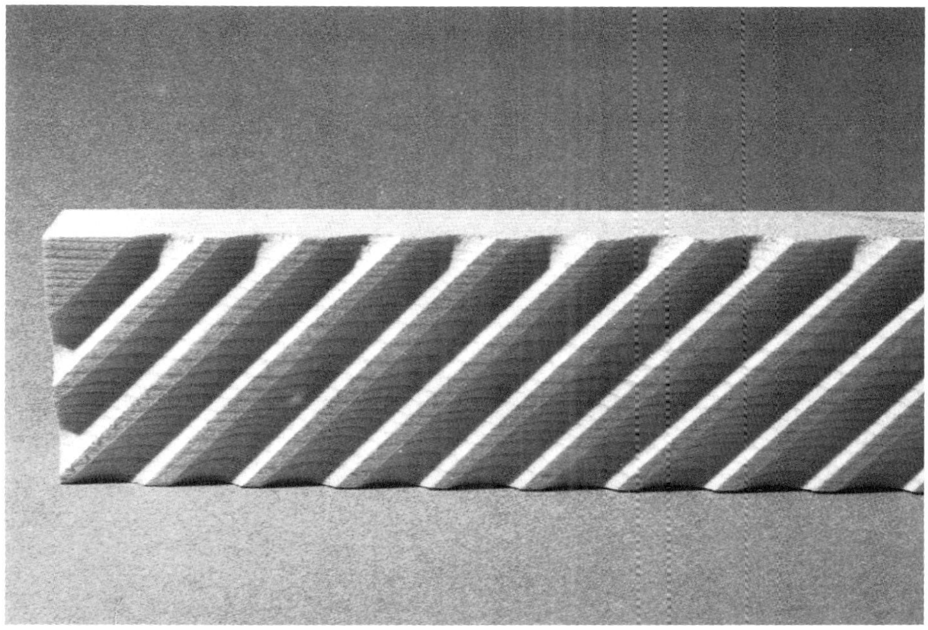

Kerbprofil, in breiten Abständen diagonal gekreuzt.
Die eine Kante zeigt geschlossene Quadrate, die andere halb geöffnete.

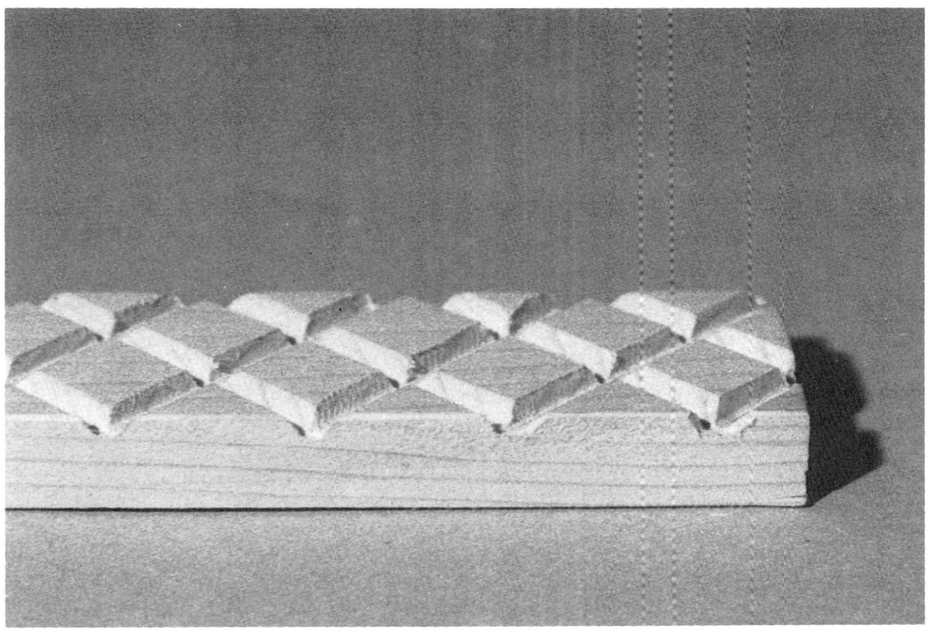

Hohlkehlenprofil, kreuzweise über die Leiste gelegt.
Der präzise Zusammenstoß der Kehlen bestimmt die Qualität des Erscheinungsbildes.

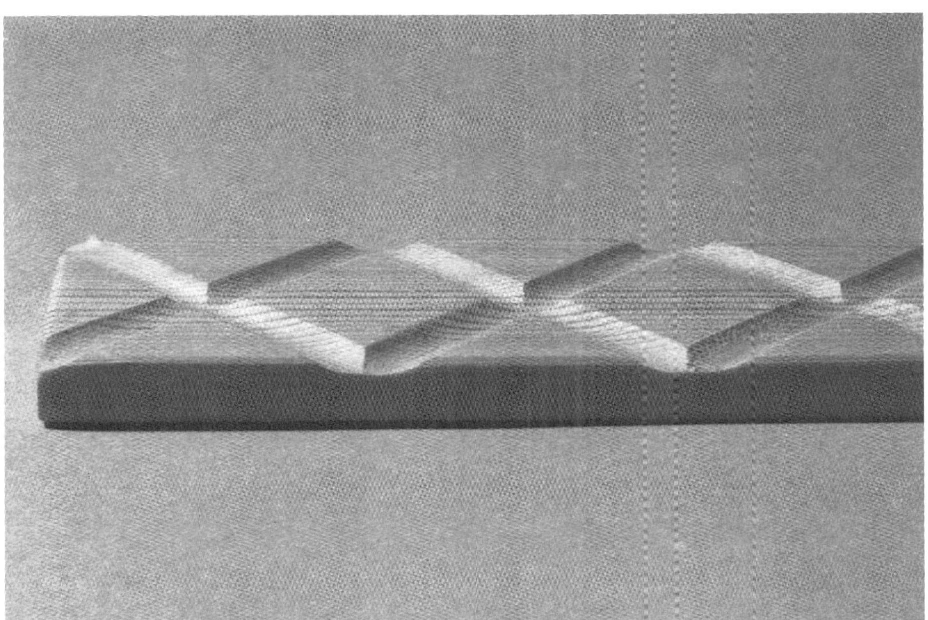

Kantenprofile

Rechtwinklig zur Fläche angelegt, zeigen diese Profile eine klare, hervorstechende Form.
Schräg zur Fläche verändern sie ihr Aussehen. Das kann gestalterisch ganz bewußt eingesetzt werden.
Die Formen, Tiefen und Abstände entsprechen den Entwicklungen bei den Flächenprofilen (siehe dort).

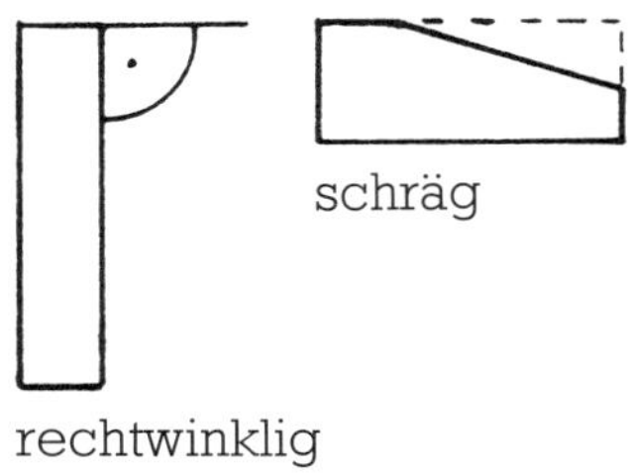

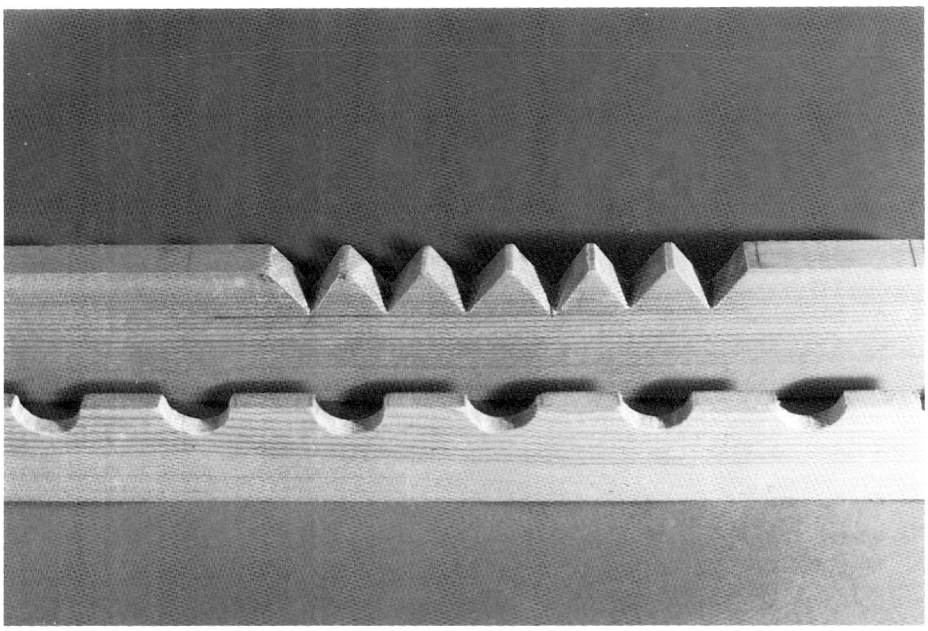

Die Profilformen – hier Kerben und Kehlen – bestimmen die Formgebung primär. Die Abstände der einzelnen Einschnitte sind jedoch ebenso von Bedeutung.

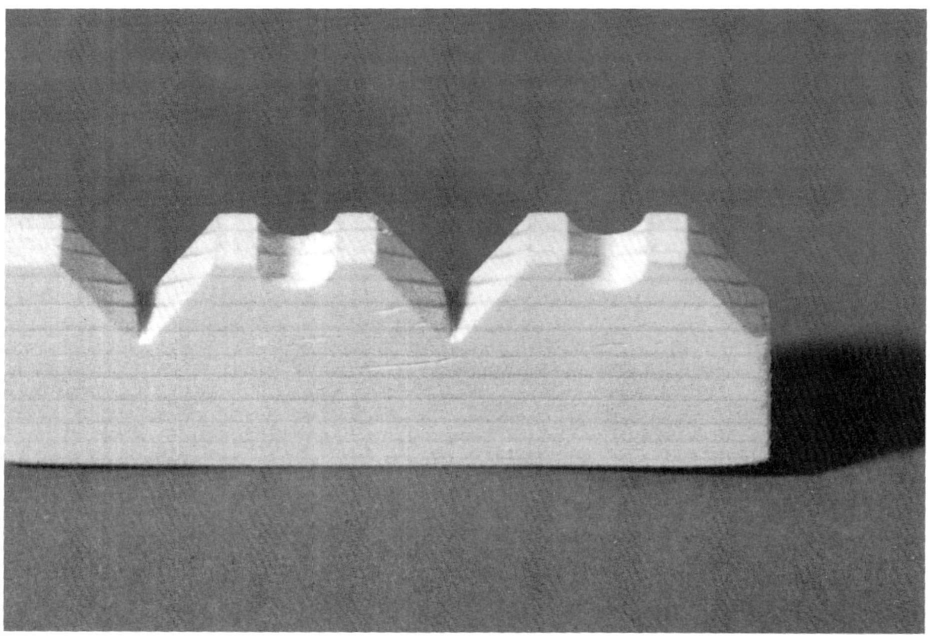

Die Profilanordnung kann gleichförmig (oberes Bild) oder gemischt (unteres Bild) erfolgen.

Die Profiltiefe läßt sich ebenfalls variieren.

Schräge Kantenprofile ergeben nicht nur durch ihre verzogene Form, sondern vor allem durch ihr Auslaufen auf der Fläche ein besonderes Erscheinungsbild.

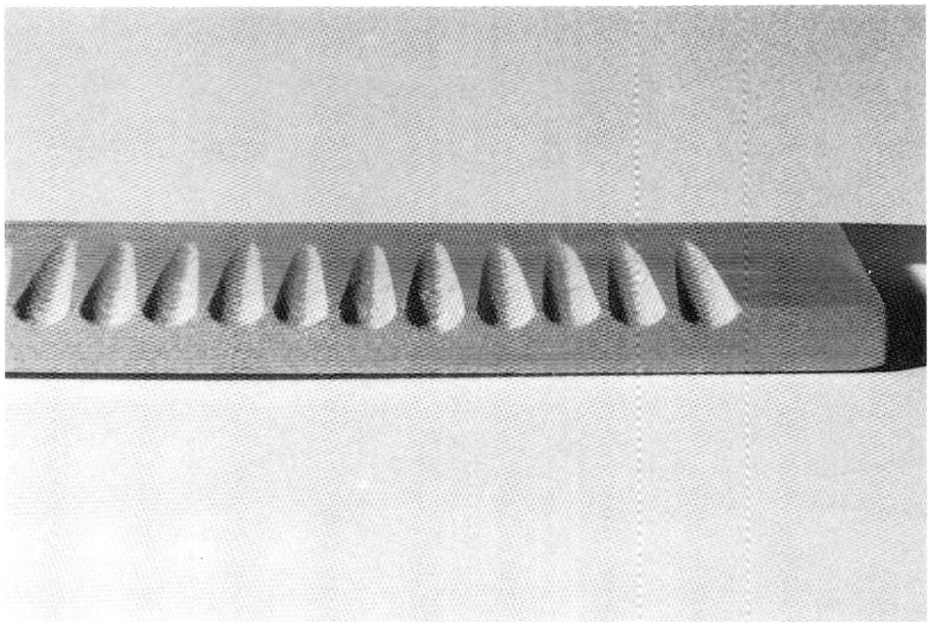

Die Kehlprofile – oben – und die Kerbprofile – Mitte – erlauben interessante Vergleiche hinsichtlich ihrer Härte und Weichheit, ihrer Abstände und Schattenbildung. So kann studiert werden, was später vielleicht an einem Kastendeckel zur Anwendung kommen soll.

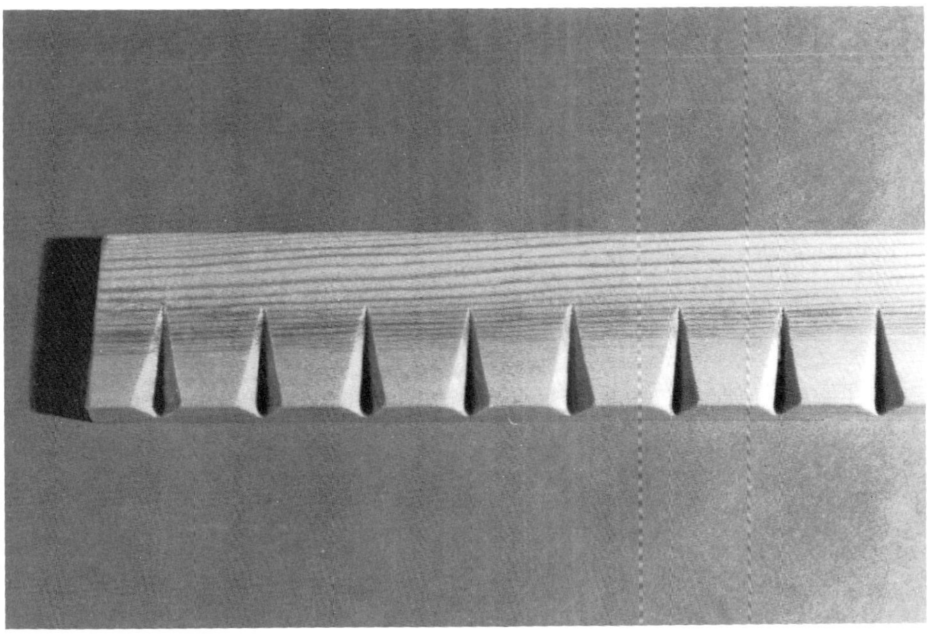

Das beidseitige Schrägfeilen von Leisten und Brettchen mit Kantenprofilen schafft eine Beziehung zwischen den Ornamenten. Die Positionen können symmetrisch oder versetzt sein.

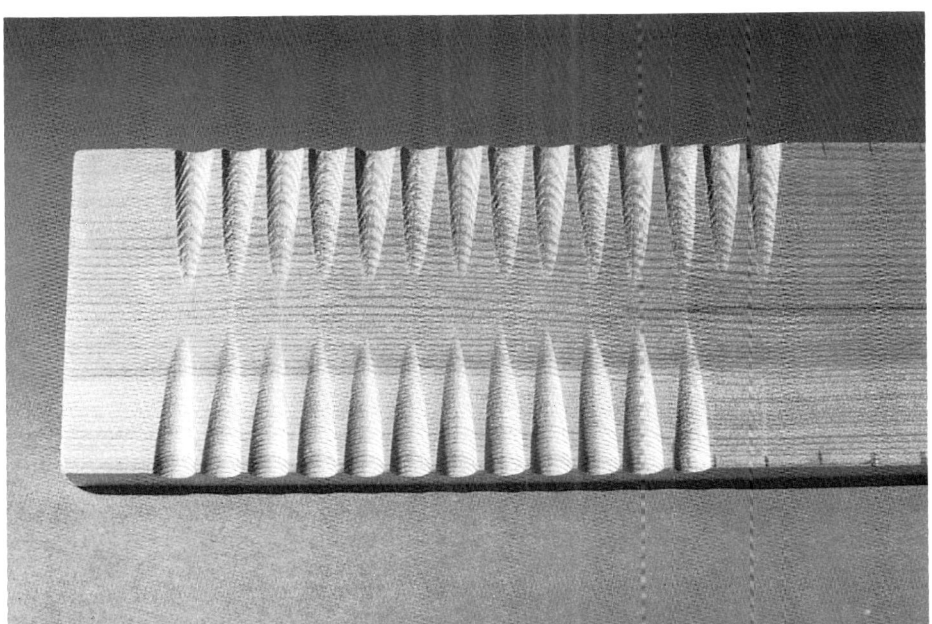

Fasen und Kanteln

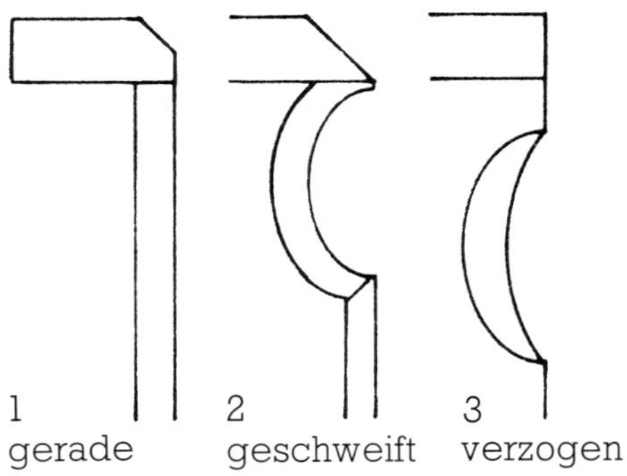

Fasen sind ein Sammelbegriff für verschiedene Schrägprofile.
Sie können gerade durchlaufen (1), aber auch an geschweiften Kanten entlanggeführt werden (2). Beide haben parallele Linienführungen. Auslaufende Schrägprofile erhalten ihre charakteristische Form durch Veränderungen der Tiefenausbildung und Schrägstellung (siehe 3 im Vergleich zu 2).

Türrahmenverzierungen durch gefaste Profile. Die Rahmenecken zeigen auslaufende Kreisbogenfasen. Rechts und links unten werden gerade Fasen schräg beendet und mit einer schrägen Kehle akzentuiert.

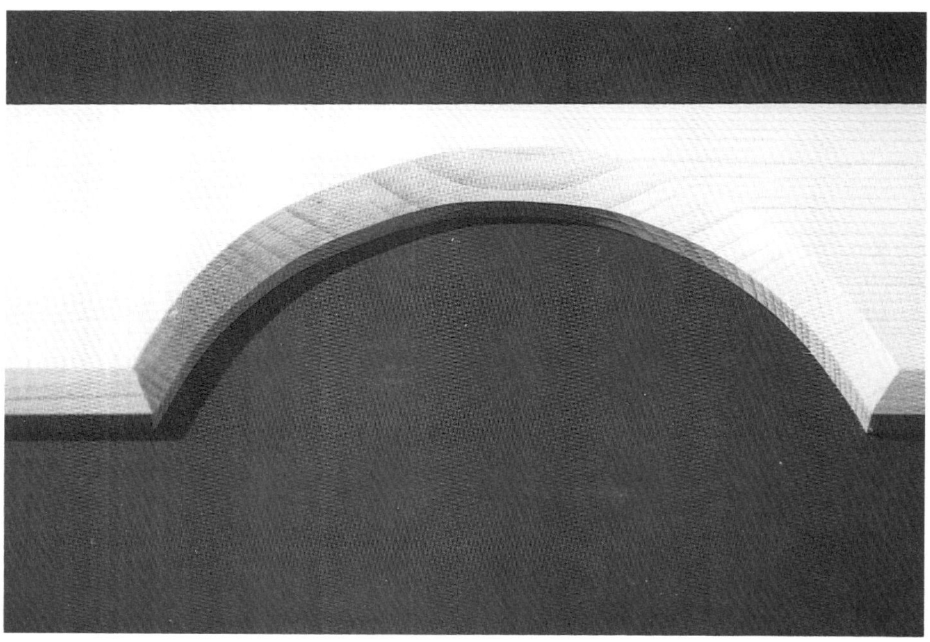

Kreisbogenausschnitt, mit einem gleichmäßig umlaufenden Schrägprofil versehen.

Kanteln sind Hölzer mit quadratischem Querschnitt. Ihre Profilierung unterscheidet sich von derjenigen der Leisten durch die Gedrungenheit der Körper. Kanteln können Profile an ihren Flächen und Kanten tragen, und das an einer oder an zwei, drei oder vier Seiten, immer ist das gestalterische Resultat anders.

Kantelverzierung an einer Kante mit gemischten Profilen.

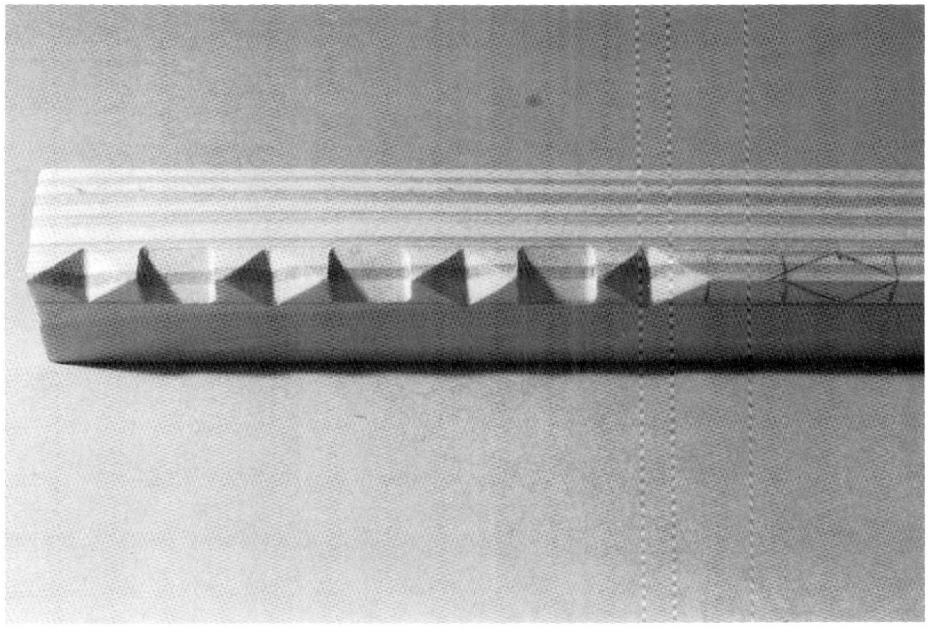

Kantelverzierung an zwei Kanten, gleichförmig und symmetrisch.

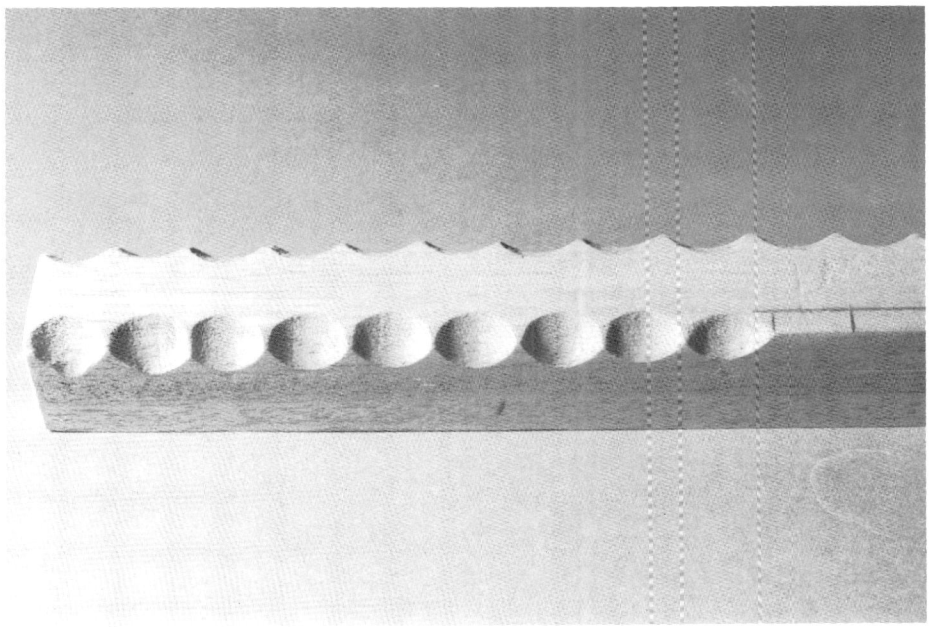

Kantelverzierung an vier Kanten, gleichförmig gekerbt, bei versetzter Anordnung.
Die Profile liegen an den Kanten vorn und unten genau gegenüber, das ergibt auf der Fläche Quadrate. Die Profile vorn und hinten liegen aber versetzt zueinander und ergeben damit ein Zickzackband auf dem Zwischenraum.

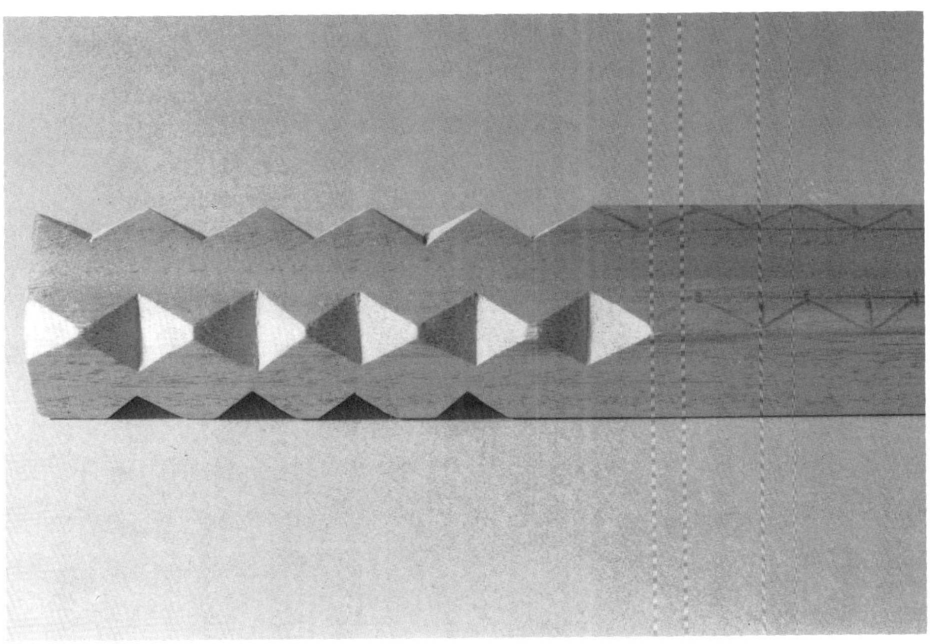

Endigungen von Kanteln

Kanthölzer lassen sich an ihren Enden auf das Unterschiedlichste ausbilden,
Gerade oder schräg geschnitten, abgefast oder gekerbt, kantengebrochen oder zugespitzt, der Eindruck ist jeweils spezifisch neu und eigenwillig.
Die Entscheidung über ihre Form ist sehr vom Zweck abhängig. Bei manchen Teilen ist optische Ruhe geboten, andere fallen ins Auge, z.B. die Ausformung als Stern.

Der rechtwinklige Querschnitt einer Kantel kann Ornament genug sein, wenn das Holzstück schön gemastet ist.
Ist der Anschnitt jedoch schräg geführt, lassen sich sehr reizvolle Effekte erzielen.

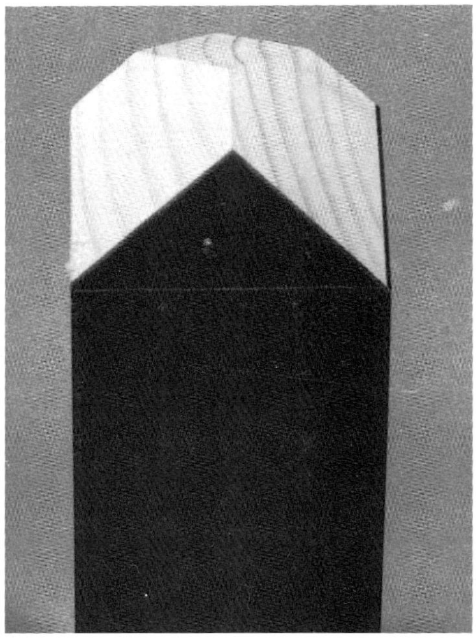

Eine einfachere Form ist die Pyramide, die durch vierseitiges Abschrägen der Kantel unter jeweils 45° entstand (Mitte links). Weniger gedrungen wirkt die Pyramide des Zaunpfostens (unteres Bild), die in spitzerem Winkel zusammenläuft.
Sehr apart wirken die übereck angeschnittenen Rauten (Mitte), die als oberen Abschluß ein Quadrat ergeben.
Die oktogonale Aufsicht erhielt der Pfosten rechts daneben durch das Abecken.

Profilierte Holzpfosten im Straßenraum zum Schutz von Pflanzen zwischen Parkstreifen. Kesseldruckimprägniert ist Holz sehr haltbar, auch im Freien.

Die Profile schaffen Gestalt, sie machen das Kantholz zum Pfosten.

Ein Würfel wurde hier auf einen Pfosten aufgebracht. Das Sternprofil konnte nur so aus dem Stück gefeilt werden. Sein Einsatz ist als Endigung eines Ständers im Innenraum denkbar oder auch mit dem Kopf nach unten an einem Hängebalken.

Rechts unten sternförmiger Geländerschmuck an einem Balkon eines Schwarzwaldhauses.

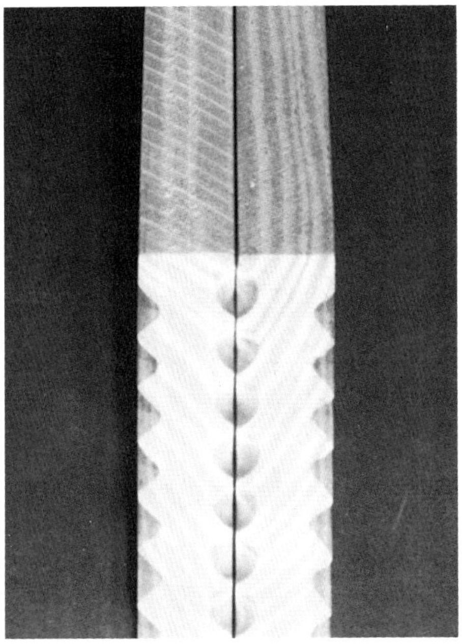

Spiegelungen und Additionen

Diese Art des Einsatzes von Profilstücken ist so ausdrucksstark, daß das eigentliche Profil beinahe sekundär wird.
Bei der Planung ist demzufolge die Anordnung fast wichtiger für die Entscheidung als die Profilwahl selbst.

Die Wirkung wird u.a. erhöht und bestimmt durch den Lichteinfall und den damit verbundenen Schatten. Die Position zum Licht, stehend oder liegend, ist also speziell einzukalkulieren.

Das Ausgangsprofil besteht hier aus diagonal gefeilten, eng aneinandergelegten Hohlkehlen an der Ecke eines Brettchens.

Die Spiegelung in einer Achse ergibt an den Kanten aufwärts bzw. abwärts zeigende Pfeilspitzen, je nach dem Standpunkt des Betrachters.

Bei der Spiegelung in zwei Achsen ergibt sich ein geschlossenes Ornament. Licht und Schatten verändern das Profil, das positiv, negativ, flach oder erhaben erscheint.

Die hier gezeigten Profilzusammenstellungen sind aufgrund ihrer Einzelform und Gruppierung derart effektvoll, daß ihr Einsatz sehr kontrolliert erfolgen muß.

Die einfache Addition der gefeilten Brettchen bietet einen ruhigen Anblick mit aufsteigender Tendenz. Würde man die Hölzer noch in der Höhe verschieben, ergäbe sich wiederum eine andere Figuration, mit zum Teil durchlaufenden Profilen.

Verwerfungen und Verschiebungen

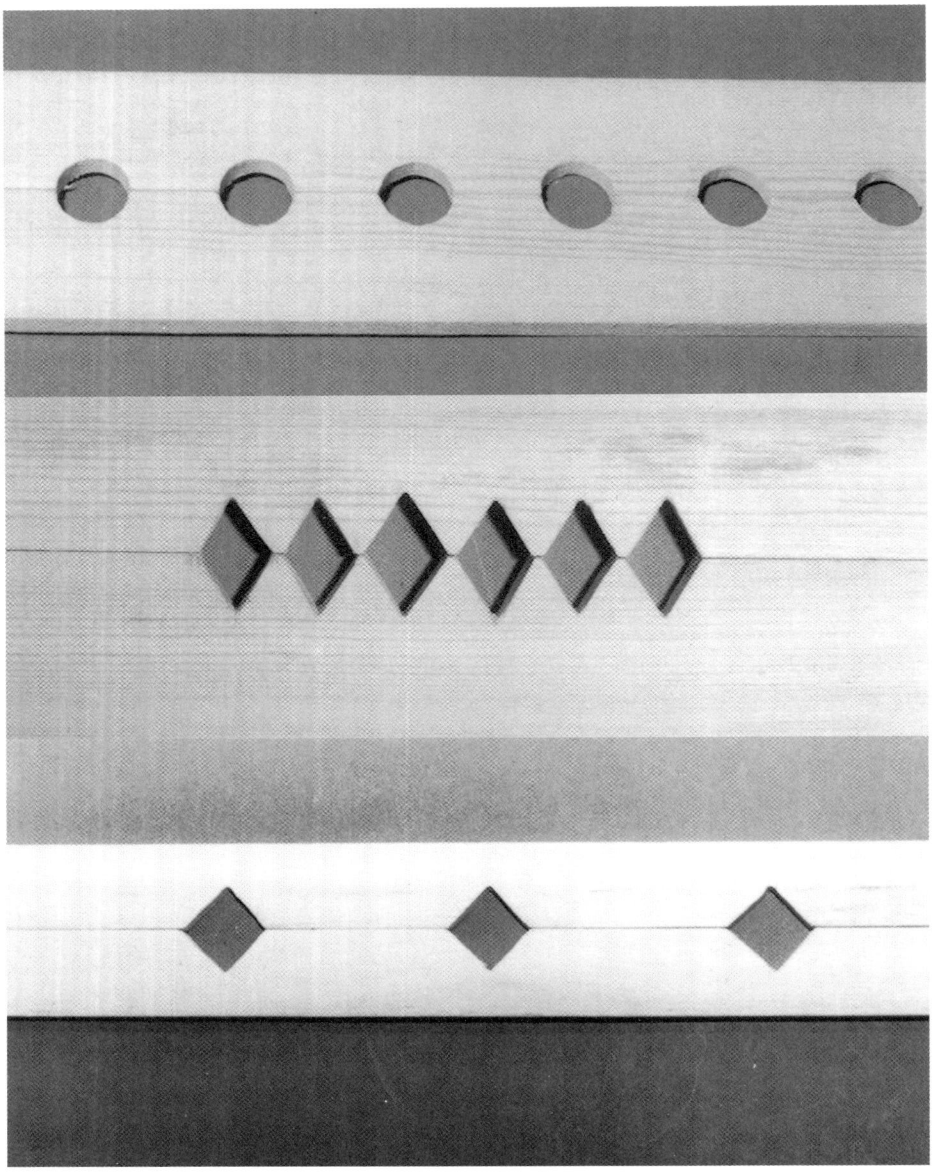

Einfache Profile lassen sich durch die verschiedensten Zusammenstellungen in ihrer Präsentation verändern und steigern.

Zwei gleiche Profile entstehen am leichtesten, indem man sie gemeinsam feilt, z.B. an den Kanten zweier zusammengelegter Leisten. Verwerfungen nennt man die Profile, welche durch ihr Stürzen oder Kontern zustande kommen.

Gekonterte und geschlossene Profile rufen ein ruhiges Bild hervor durch Zusammenfügen der gefeilten Formen.

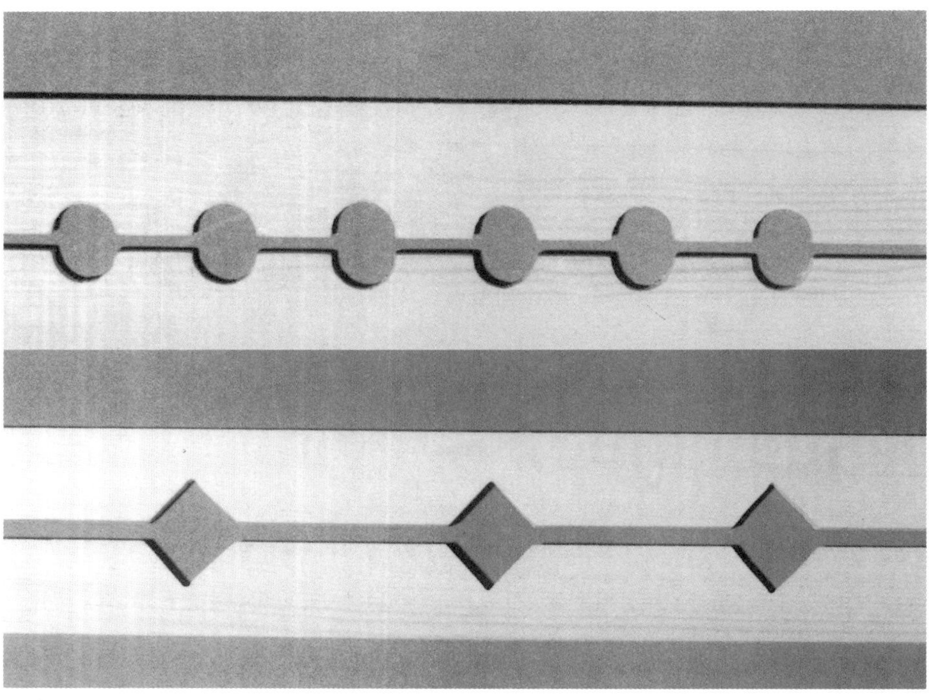

Gekonterte und geöffnete Profile werden durch den Abstand der Ornamentreihen voneinander gebildet und haben eine gänzlich andere Wirkung.

Verschiebungen gestürzter Profile gegeneinander führen bis zur völligen Verwandlung der Formen. Das läßt sich sehr gut an zwei Leisten probieren und steuern.

Seitlich halbversetzte Profile verfremden das ursprüngliche Ausgangsornament völlig. Die Negativräume bestimmen den Gesamteindruck stärker als die Profile.

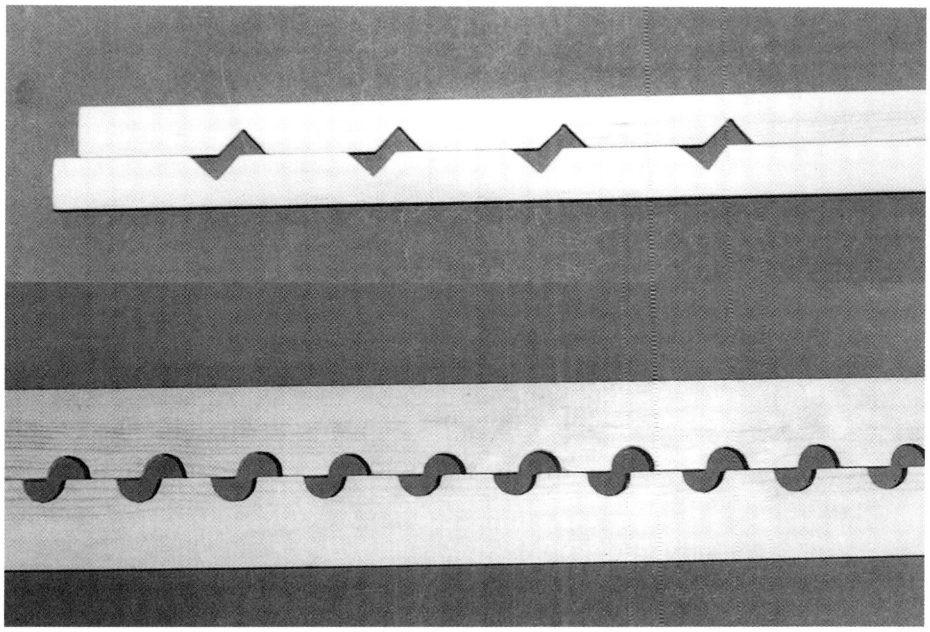

Seitlich voll versetzt, behalten die Profile ihren Einzelcharakter.
Es ist interessant, wie sich das bei den verschiedenen Profilformen auswirkt.

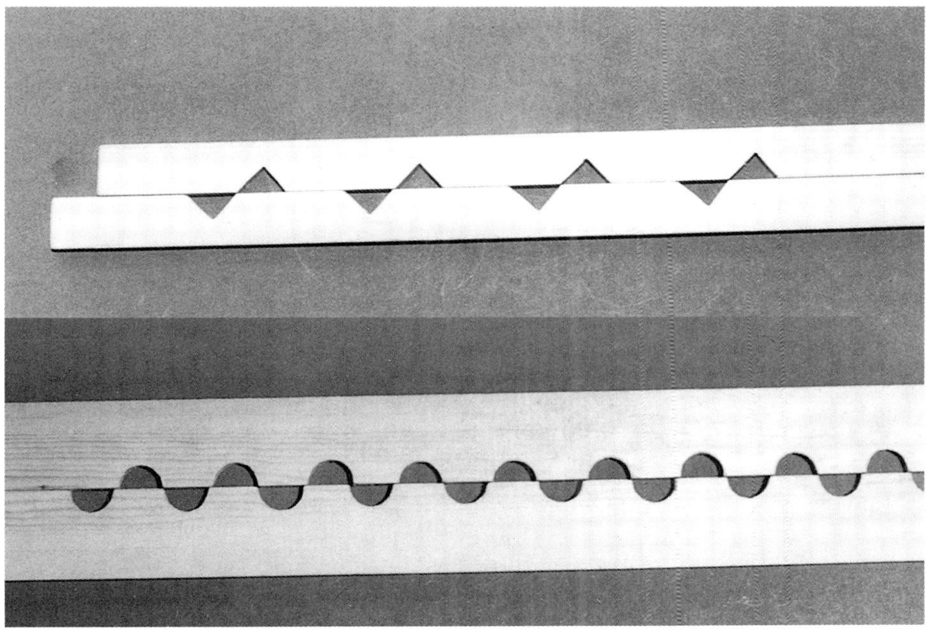

Die Kombination der Gestaltungsmaßnahmen Kontern und Verschieben, Öffnen und Schließen ergibt immer wieder neue Strukturen, deren Aussagekraft von Bedeutung ist für die optimale Verzierung eines Objektes.

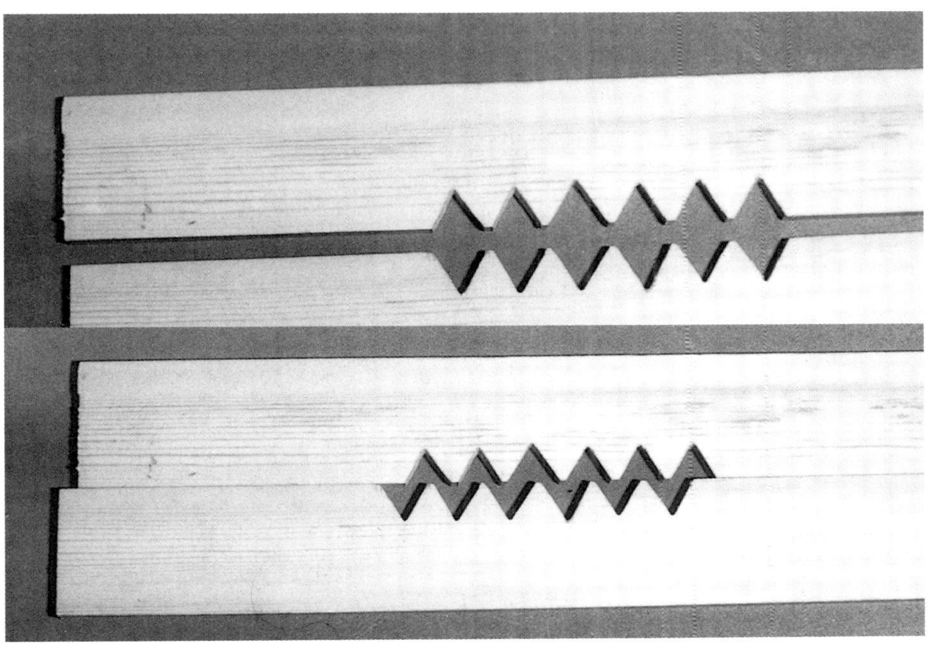

Aufdickten und Übereckstellen

Profiladditionen sind nicht nur in der Fläche möglich, wie auf den vorherigen Seiten beschrieben. In der dritten Dimension erlauben sie ebenfalls mancherlei Formgebungsmöglichkeiten.

Das Aufdickten (Übereinanderlegen) von Flächen wird durch eine Kantengestaltung geradezu angeboten. Füllungen von Möbeln, aber auch Türen können so bestückt werden, das ist eine Frage von Größen und Verleimung.

Das Übereckstellen ein- oder beidseitig profilierter Leisten ist formal sehr eindrucksvoll. Der Einsatz verlangt Phantasie. Vertikal könnten es Tischbeine, horizontal Regalkanten oder Verstärkungen sein.

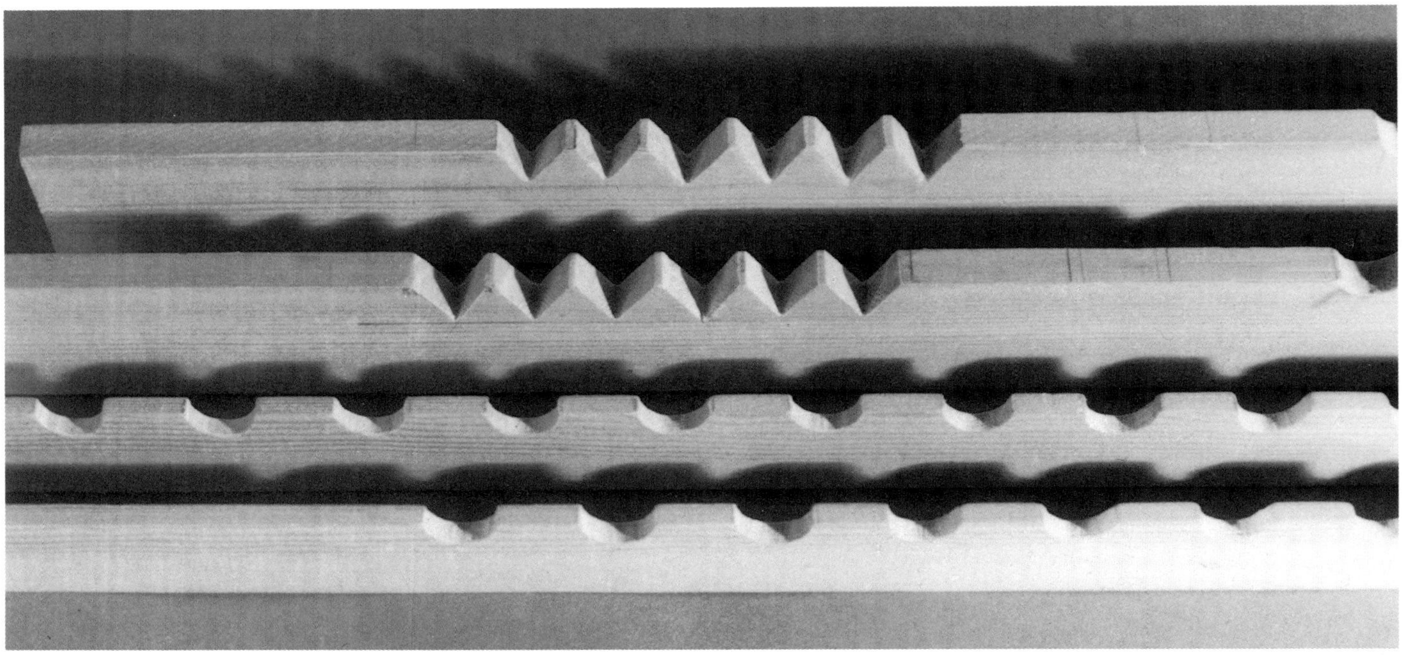

Das Aufdickten profilierter Leisten oder Flächen verdoppelt oder verdreifacht das Ornament auf handwerklich einfache Weise.

Die Beschränkung auf ein Profil bei diesen beiden Aufdicktungen erzeugt einen schlichten Dreiklang. Die Wiederholungen unterstreichen die Ornamentik. Der Abstand der Dickten läßt zusätzlich Bänder entstehen.

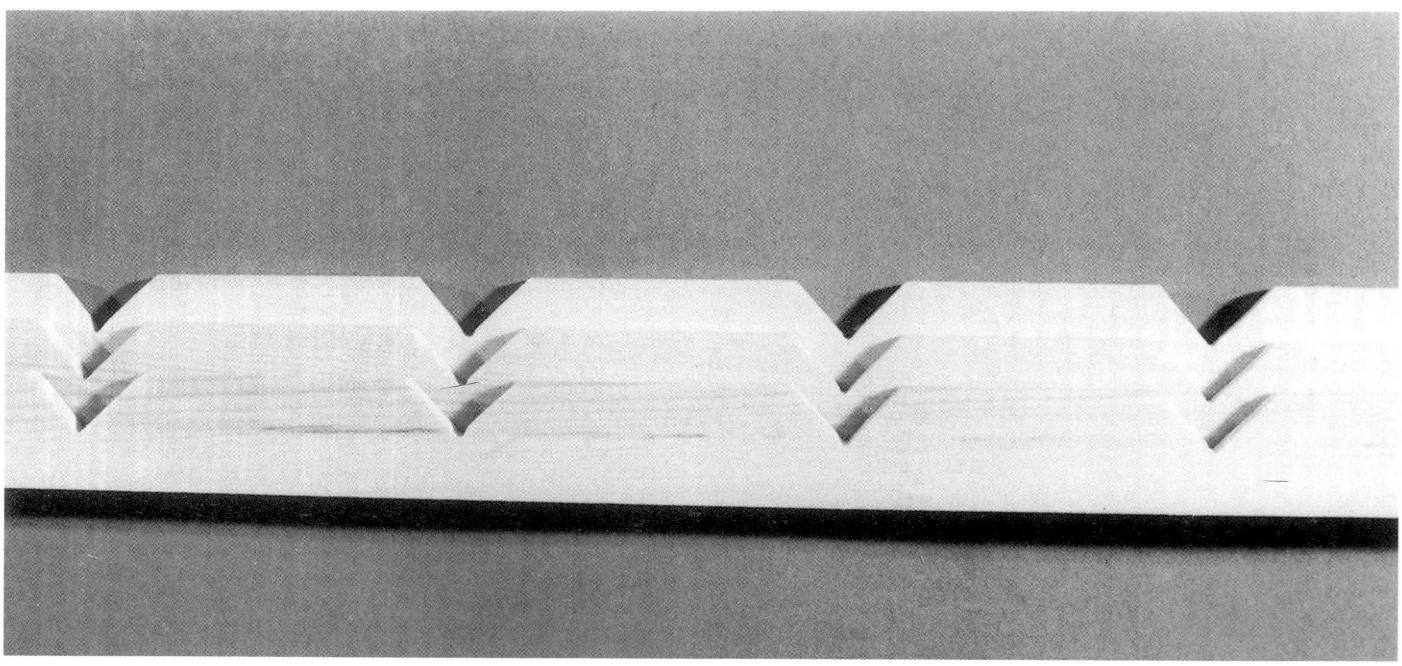

Das Übereckstellen profilierter Leisten ergibt Perforationen der Kanten. Je nach Lichteinfall wirken die Öffnungen hell oder dunkel. Man könnte sie wohl auch farbig hinterlegen.

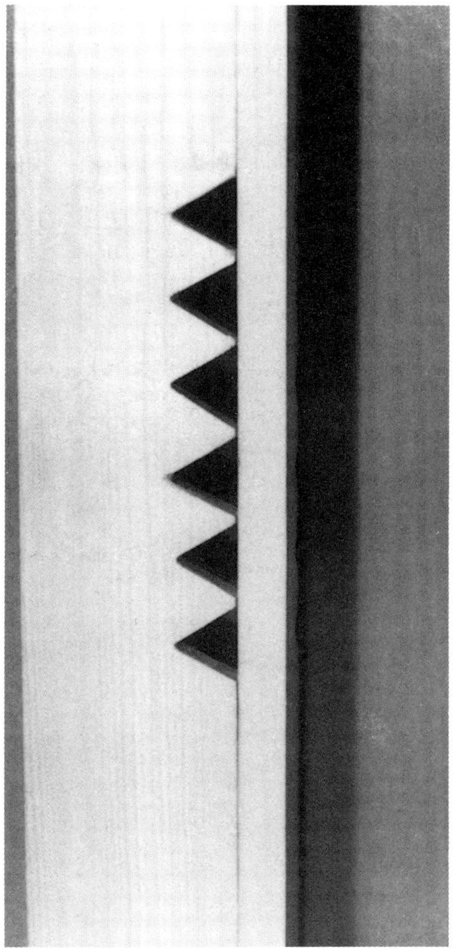

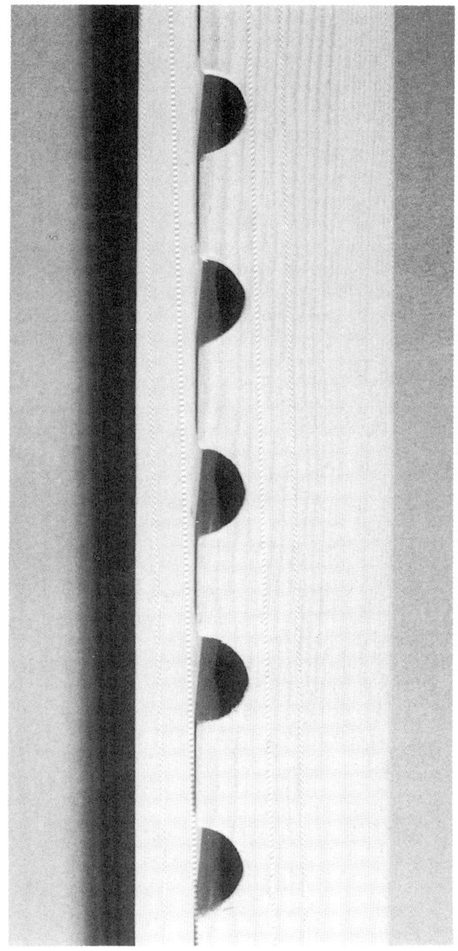

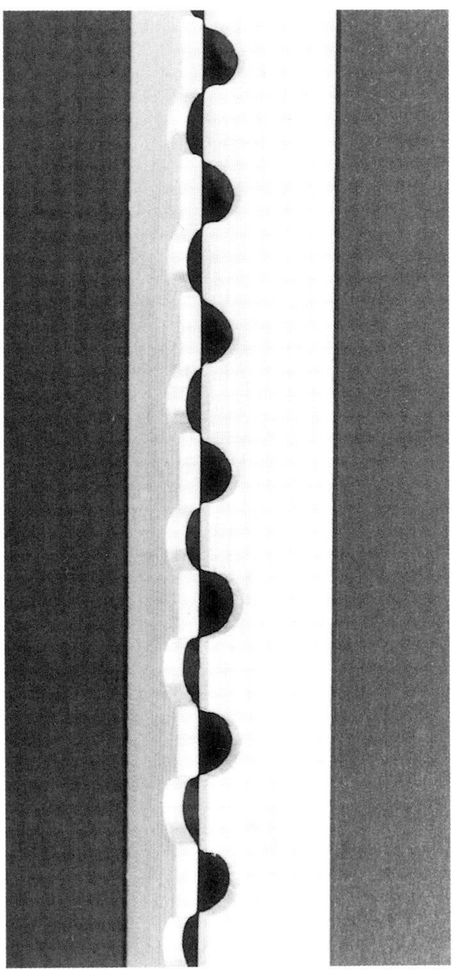

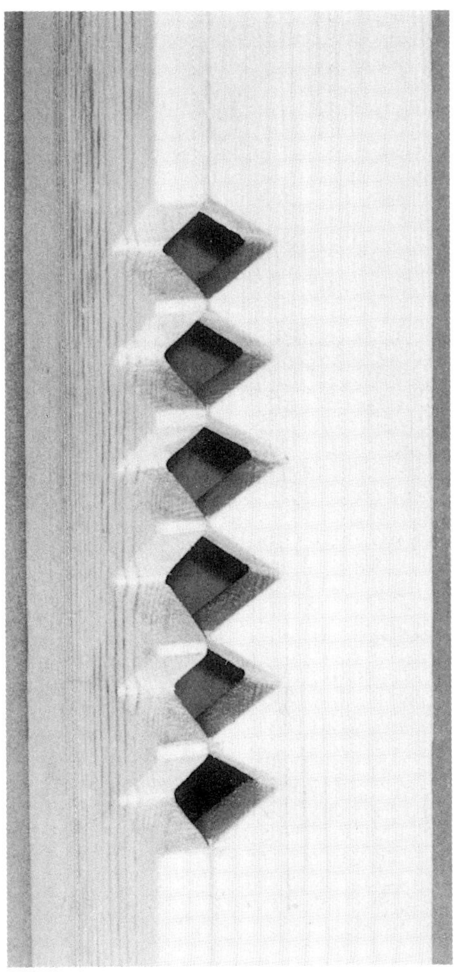

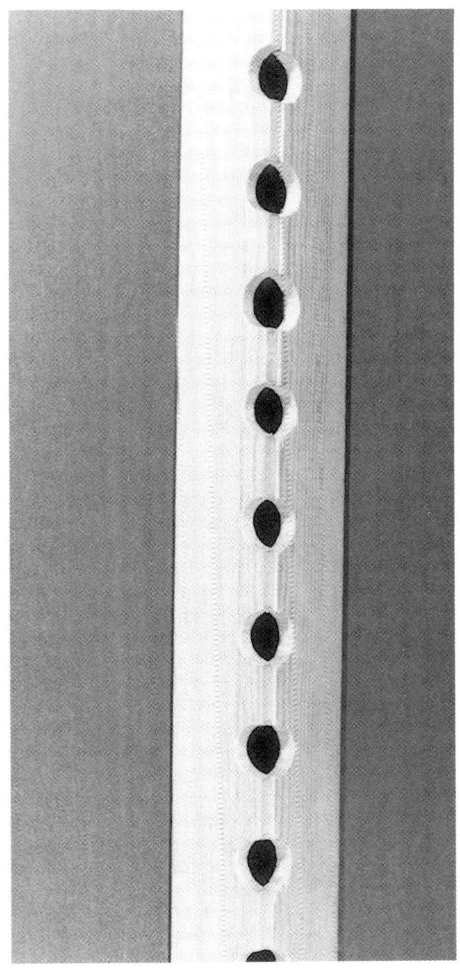

Schleifen der Werkstücke

Es wird mit Sandpapier, mit oder ohne Hilfsmittel, gearbeitet. Grobkörniges Schleifpapier wird zum Vorschleifen, feinkörniges zum Nachschleifen verwendet. Frei von Hand werden große Profile geschliffen. Ein Schleifklotz bietet dem Sandpapier eine ebene Auflage, so daß mit ihm gerade Flächen plangeschliffen werden können.

Das Schleifen von Holz drückt die Fasern. Daher ist es nötig, geschliffene Teile zwischen mehreren Arbeitsgängen zu wässern, damit die Fasern wieder aufstehen. Nach dem Trocknen wird nochmals geschliffen. Nur so sind glatte Oberflächen zu erreichen.

Der Schleifklotz kann ein einfaches Stück Holz mit einer geraden Unterseite sein. Besser ist ein Klotz mit einer dicken Korksohle.

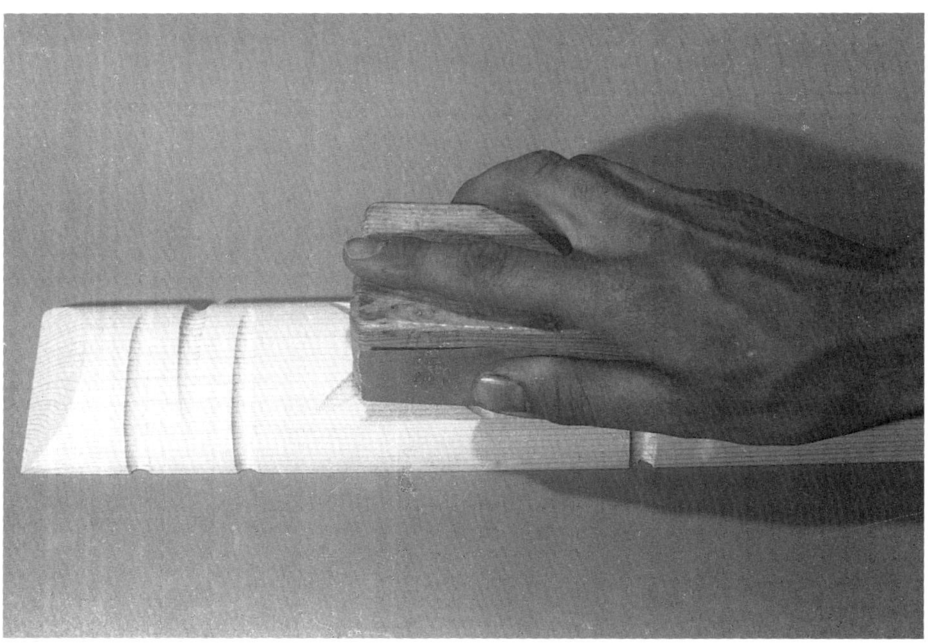

Mit dem Schleifklotz entstehen wirklich plangeschliffene Oberflächen. Ohne Klotz drückt man das Sandpapier unwillkürlich in leichte Dellen, was gerade vermieden werden soll.

Das Profilschleifen erfordert Fingerspitzengefühl. Schnell kann man etwas verschleifen, d.h. die Form beeinträchtigen.

Das Längsschleifen ist für die Holzfaser am besten. Dennoch ist es bei nicht planen Teilen zur guten Formgebung angebracht, das Papier nicht nur vor- und zurück-, sondern auch leicht schräg zu führen.

Das Querschleifen ist für die Holzmaserung nicht vorteilhaft, läßt sich aber bei Querrillen nicht vermeiden. Es darf grob nur leicht vor- und muß umso besser fein nachgeschliffen werden.

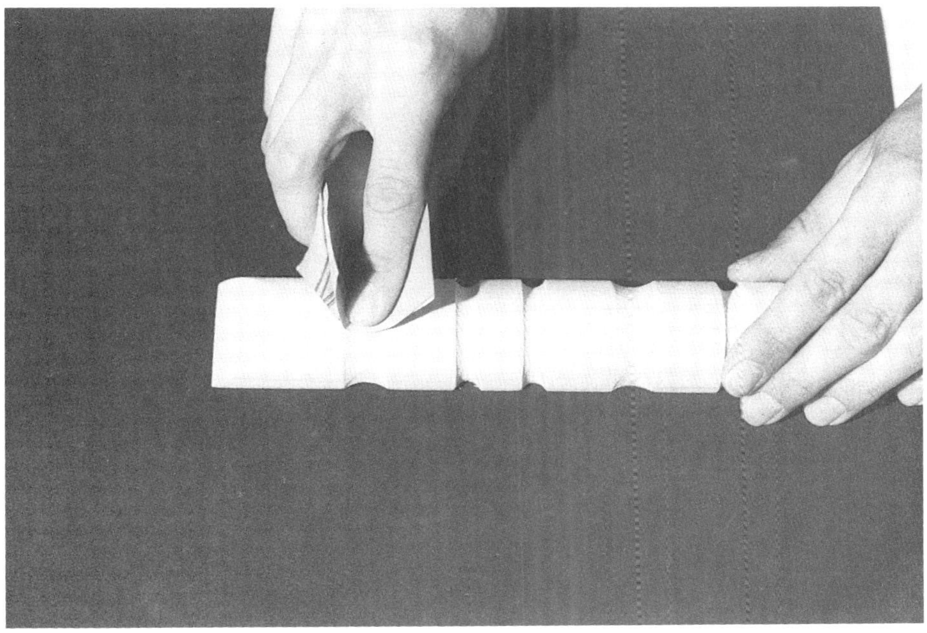

Die Handschleifmaschine erleichtert das Schleifen von Flächen. Ein kleiner Elektromotor mit Netzanschluß bewegt das Sandpapier an der Sohle des Gerätes, das mit der Hand langsam über die Fläche gefahren wird.

Farbgestaltung

Die Vorbereitung zur Farbgestaltung besteht im Schleifen, Wässern und Schleifen. Ohne das Wässern würden z.B. durch das Beizen die beim Schleifen gedrücken Fasern aufstehen und die Oberfläche aufrauhen.

Die Farbgebung kann transparent sein, dann bleibt die Holzmaserung optisch wirksam. Der Farbauftrag kann aber auch deckend sein, dann wird die Maserung ausgelöscht, das Holz wird zum Farbträger und bleibt ohne eigene Aussage.

Zum Schutz der Oberflächen trägt man farblose Lasuren auf das Naturholz oder die gefärbten Flächen auf. Deckende Anstriche verbinden die Farbgebung mit dem Schutz. Es soll mehrfach und sehr dünn gestrichen werden, nur so bleibt auch die Profilierung erhalten.

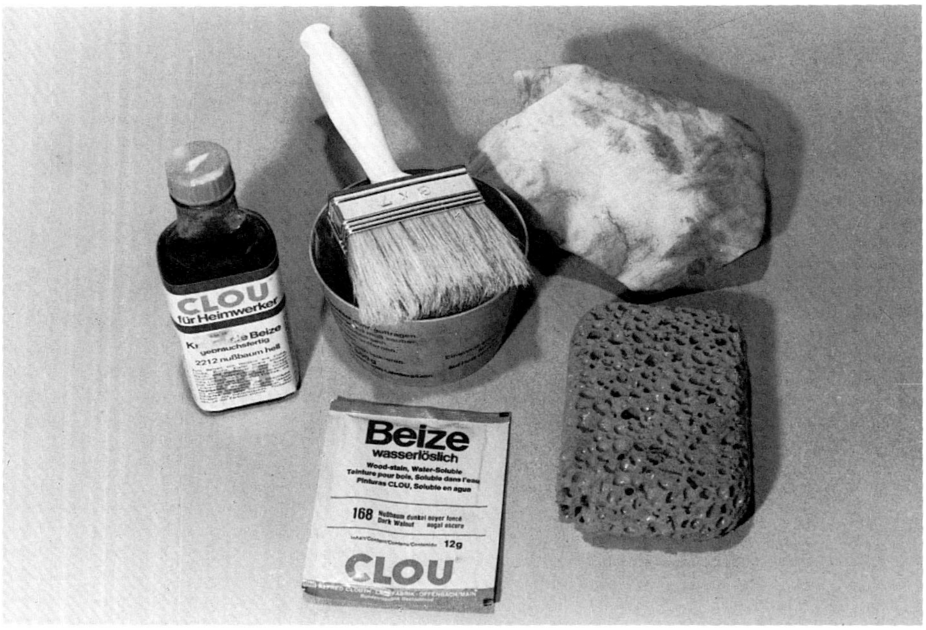

Das Beizen wird mit wasserlöslichen oder wachshaltigen Farbstoffen vorgenommen, die es als Pulver oder in Flaschen in fast allen Farbtönen im Handel gibt.

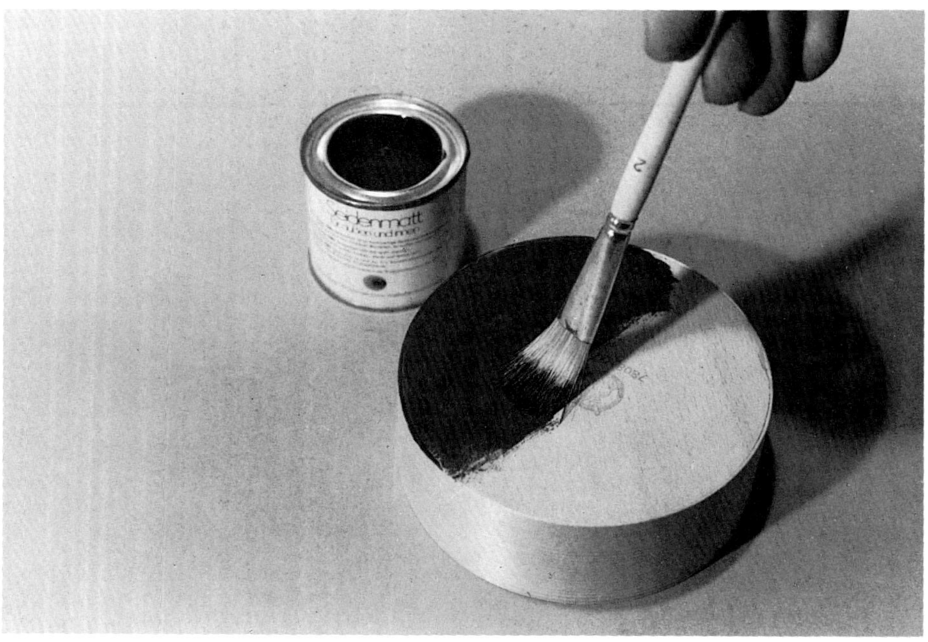

Das Lackieren wird mit Lackfarben ausgeführt, die in unterschiedliche großen Gebinden erhältlich sind. Vom kleinsten Töpfchen für den Bastelbedarf bis zu Kilodosen und Kanistern reicht das Sortiment, welches die ganze Farbskala umfaßt.

Die Farbgebung kann ein Werkstück in seiner Wirkung sehr steigern. Sie darf nur nicht zu laut ausfallen und die Profilierung stören.

Der Farbauftrag vor dem Feilen bringt die danach angebrachten Profile besonders kontrastreich zur Wirkung.

Gestrichen wird mit einem Pinsel, gesprüht oder gespritzt mit den handelsüblichen Dosen.
Beim Streichen können die Farben leichter gemischt werden,
das Sprühen gestattet feinsten Farbauftrag bis in die engsten Profile.

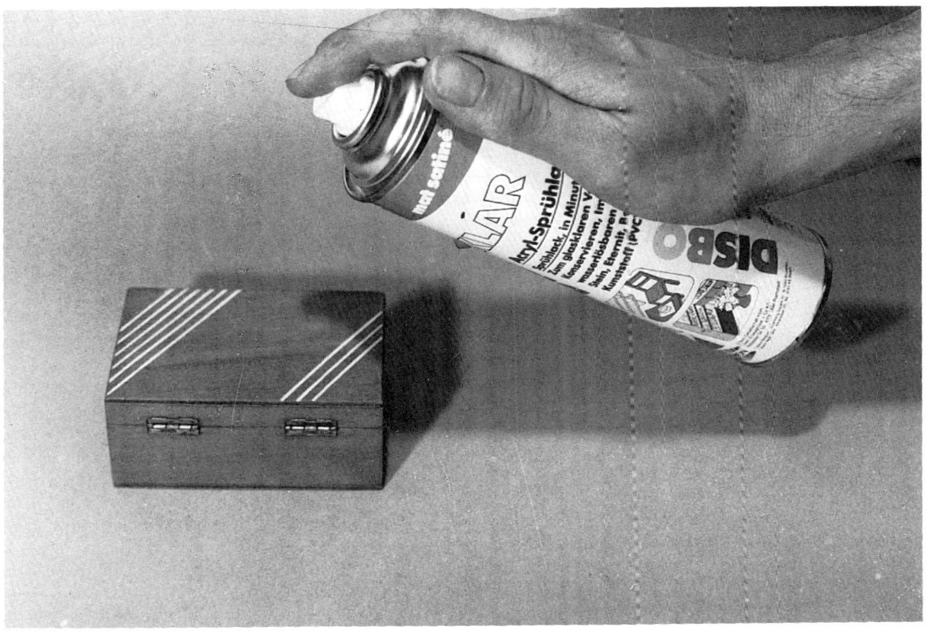

Oele lassen die Holzmaserung sehr lebendig hervortreten, sie geben auch einen gewissen Oberflächenschutz.

Wachse mit Pigmentbeigaben verbinden Farbgestaltung und Flächenschutz. Sie sind preiswert, aber nicht wasserfest.

Gestaltete Dinge

Gefeilte Ornamente lassen sich sehr vielseitig als Gestaltungsmittel einsetzen.
Gebrauchsgegenstände können damit ebenso verziert werden, wie Spielzeug, Möbel, ja sogar Einbauteile.

Die im vorangegangenen Abschnitt besprochenen Gestaltungsmöglichkeiten sollen nun an einigen Beispielen angewandt werden. Die gezeigten Dinge sind nicht als Vorlage zu verstehen, sondern als Anregung, eigene Muster zu suchen.

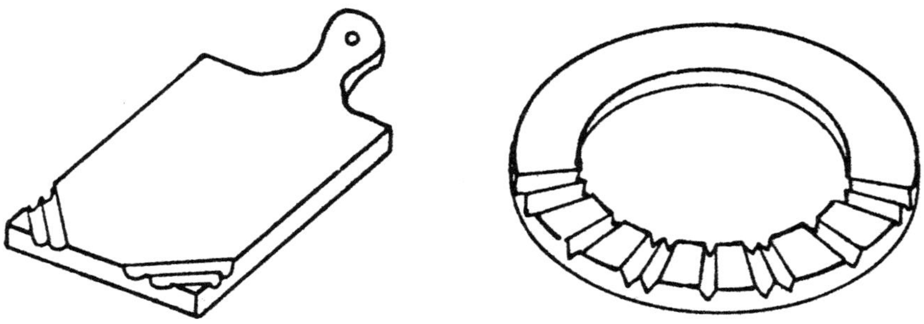

Brettchen und Teller mit Profilen an den Kanten und Rändern.

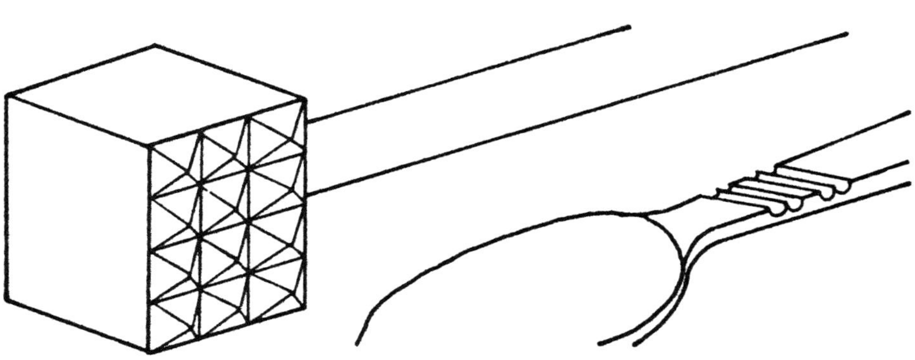

Küchengeräte mit Profilen an Flächen und Griffen.

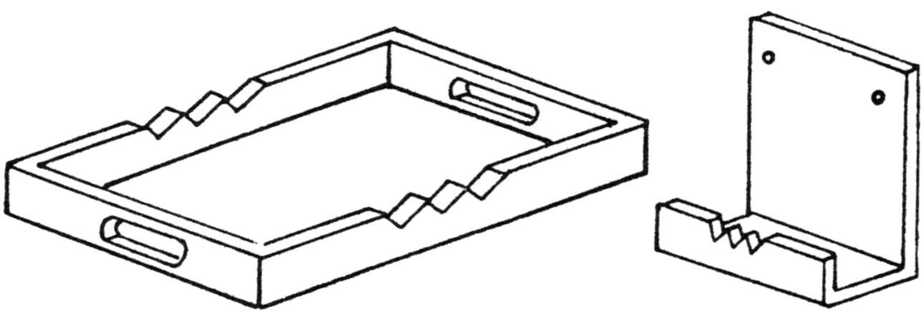

Tabletts und Regale mit Profilen an Kanten und Leisten.

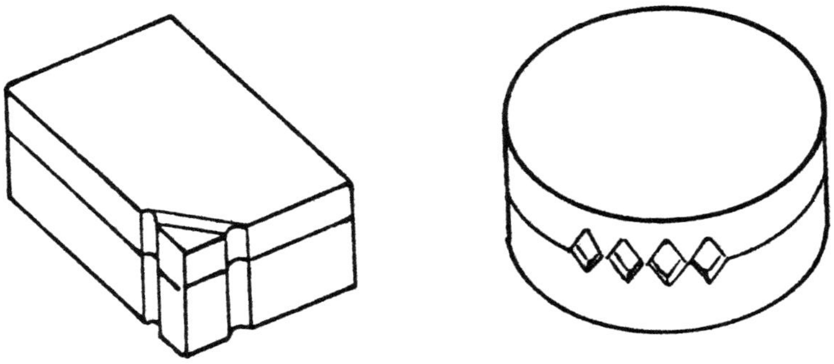

Kästchen und Dosen mit Profilen an Deckeln, Körpern und Stoßfugen.

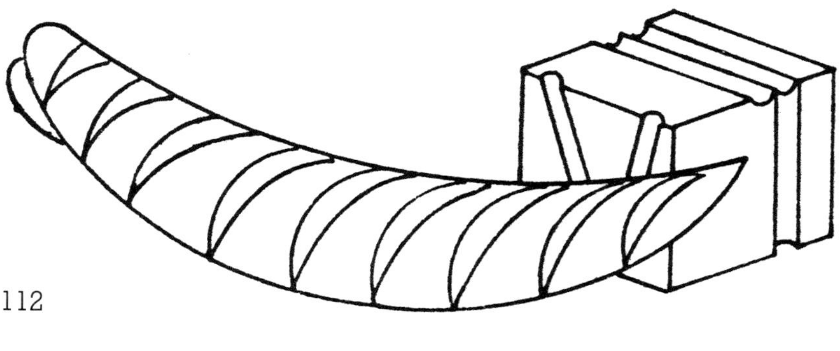

Spielzeug wie Würfel und Tiere.

Bilderrahmen und Kerzenständer.

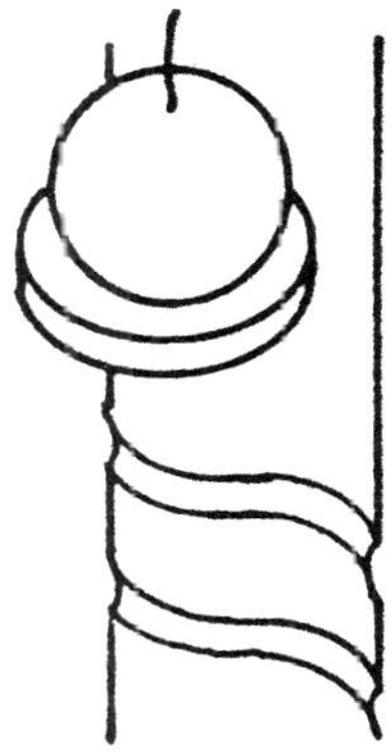

Lehnen und Zargen von Stühlen oder Tischen mit Profilen an den Ober- und Unterkanten.

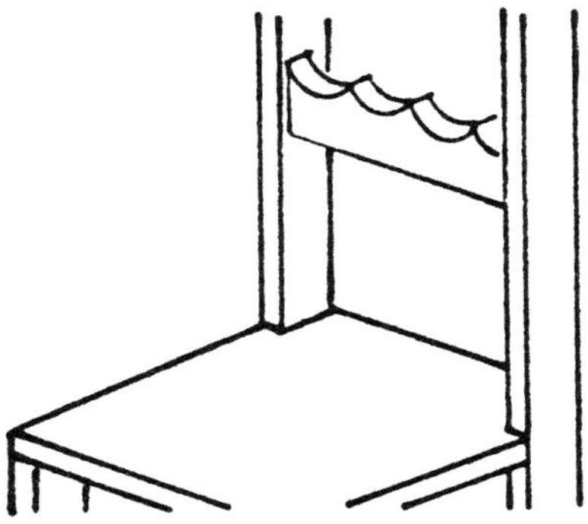

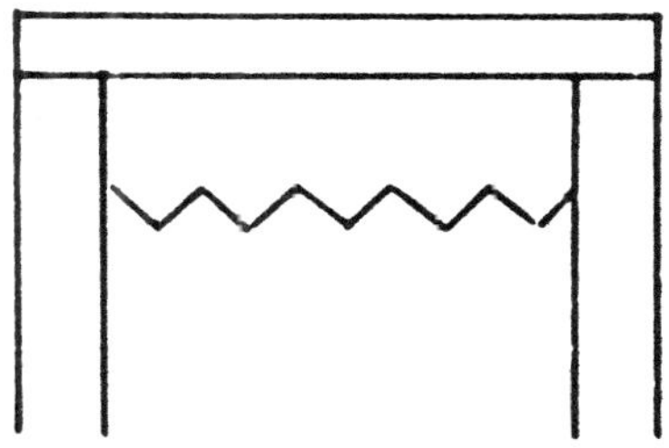

Zierleisten an Lisenen und Gesimsen von Möbeln.

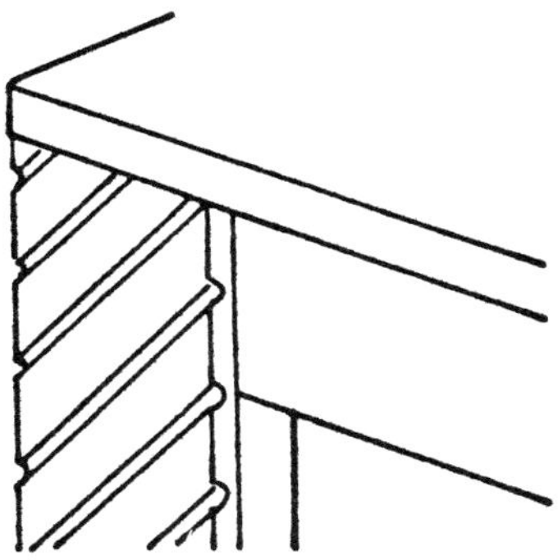

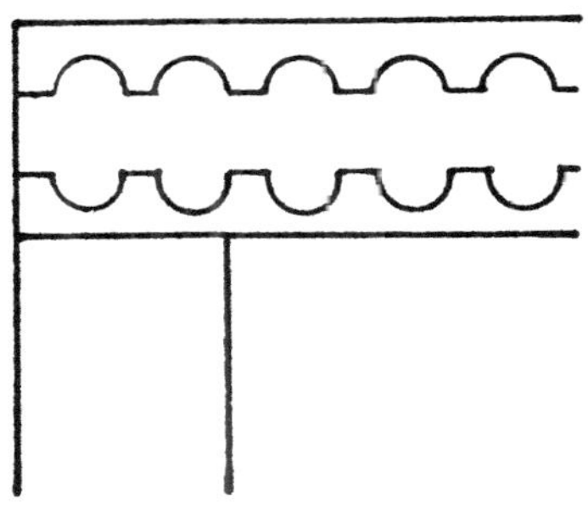

Fronten von Truhen und Kommoden.

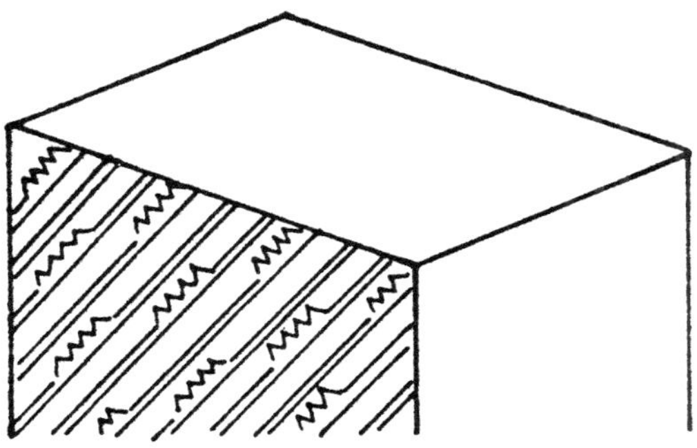

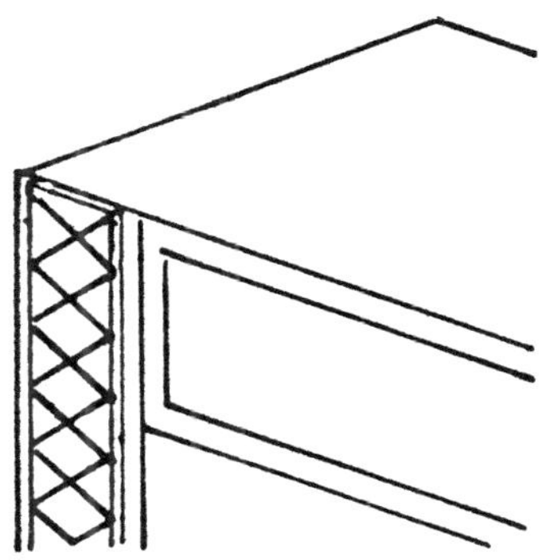

Rahmen von Bildern oder Türen.

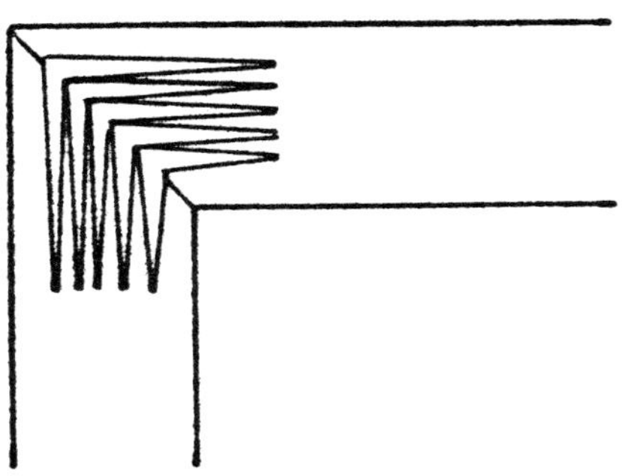

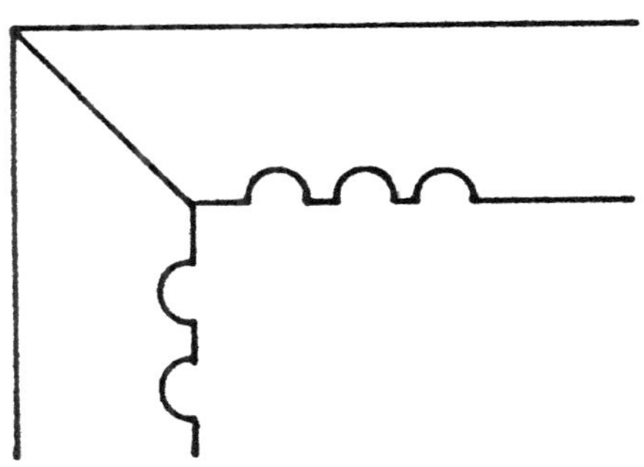

Brettchen und Teller

Da die Flächen von Brettchen und Tellern beim Gebrauch verdeckt sind, bieten sich die Kanten für die Anbringung gefeilter Profile an. Neben rein schmückenden sind auch „sprechende" Ornamente möglich. Der Teller rechts unten trägt z.B. Jahreszahlen.

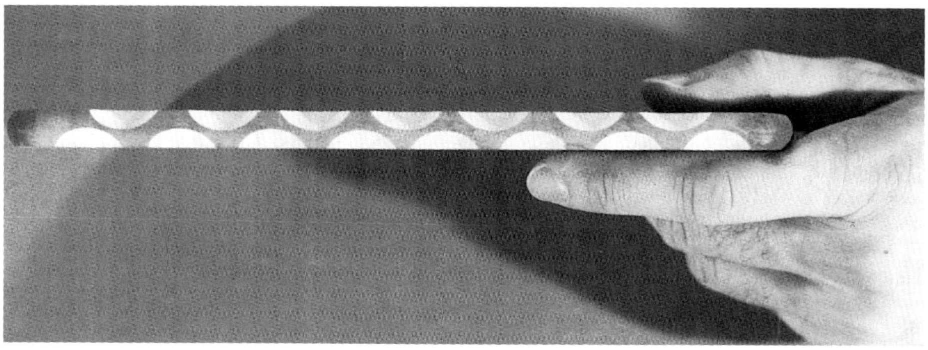

Frühstücksbrettchen mit Ornamentreihen aus Hohlkehlschrägen an den Längskanten. Erst durch die Profilierung erhält der Gegenstand über seine bloße Funktion hinaus Bedeutung.

Der Löffelstiel bekam durch gefeilte Ornamente seine spezielle Note. Nun kann er von anderen unterschieden werden.

Brotbrett mit gefeiltem Griff. Das Ornament legt die Assoziation an eine Kornähre nahe und so einen Bezug zum Brot.

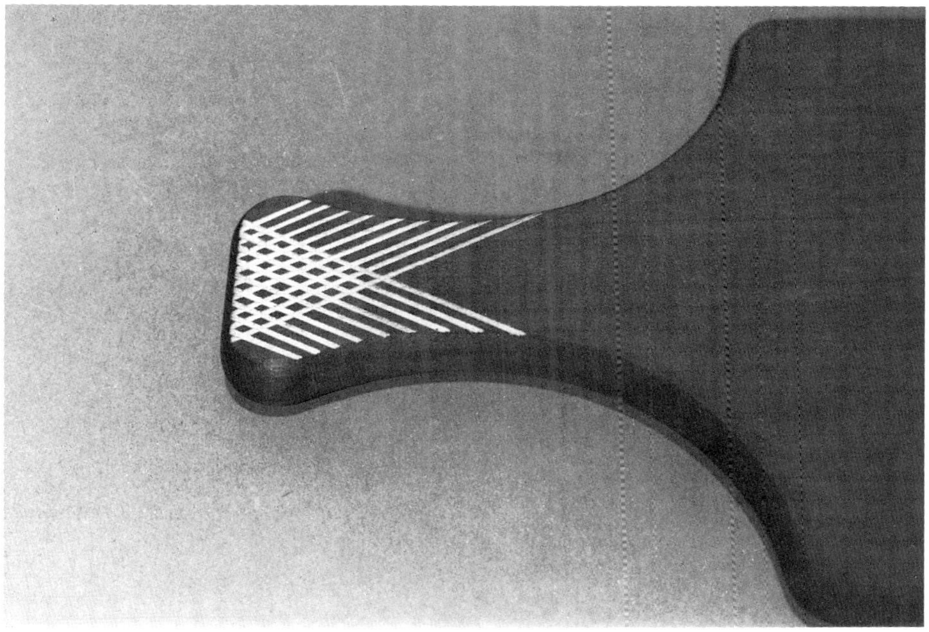

Die Jahreszahlen MCMLXXV = 1975 MDXCVII = 1597 wurden auf den Rand eines Tellers gefeilt, um einem Bauherrn das Baujahr seines Hauses und dessen Renovierung zu vergegenwärtigen.

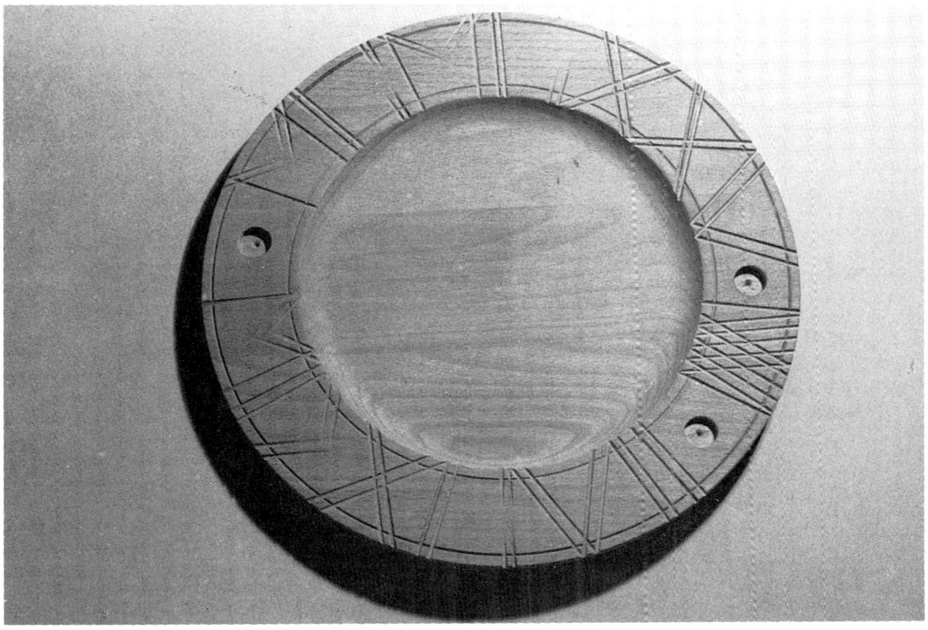

Die Lesbarkeit der Buchstabenreihen ist durch ihre Anordnung erschwert. Das Bild unten zeigt einen Ausschnitt mit den Buchstabenzahlen X C V. Das C konnte nur mit Tricks gefeilt werden.

Küchengeräte

Schon immer haben die Menschen Dinge des täglichen Gebrauchs über die reinen Funktionen hinaus gestaltet.

So ist es denn auch ein Anliegen unserer heutigen Zeit, der persönlichen Umgebung individuellen Ausdruck zu verleihen.

Auch anonyme Massenware läßt sich in diesem Sinn bearbeiten. Ein Löffel und ein Mehlfaß z.B., preiswert industriell hergestellt, können durch ideenreiche Verzierungen Verschönerung und Aufwertung erfahren.

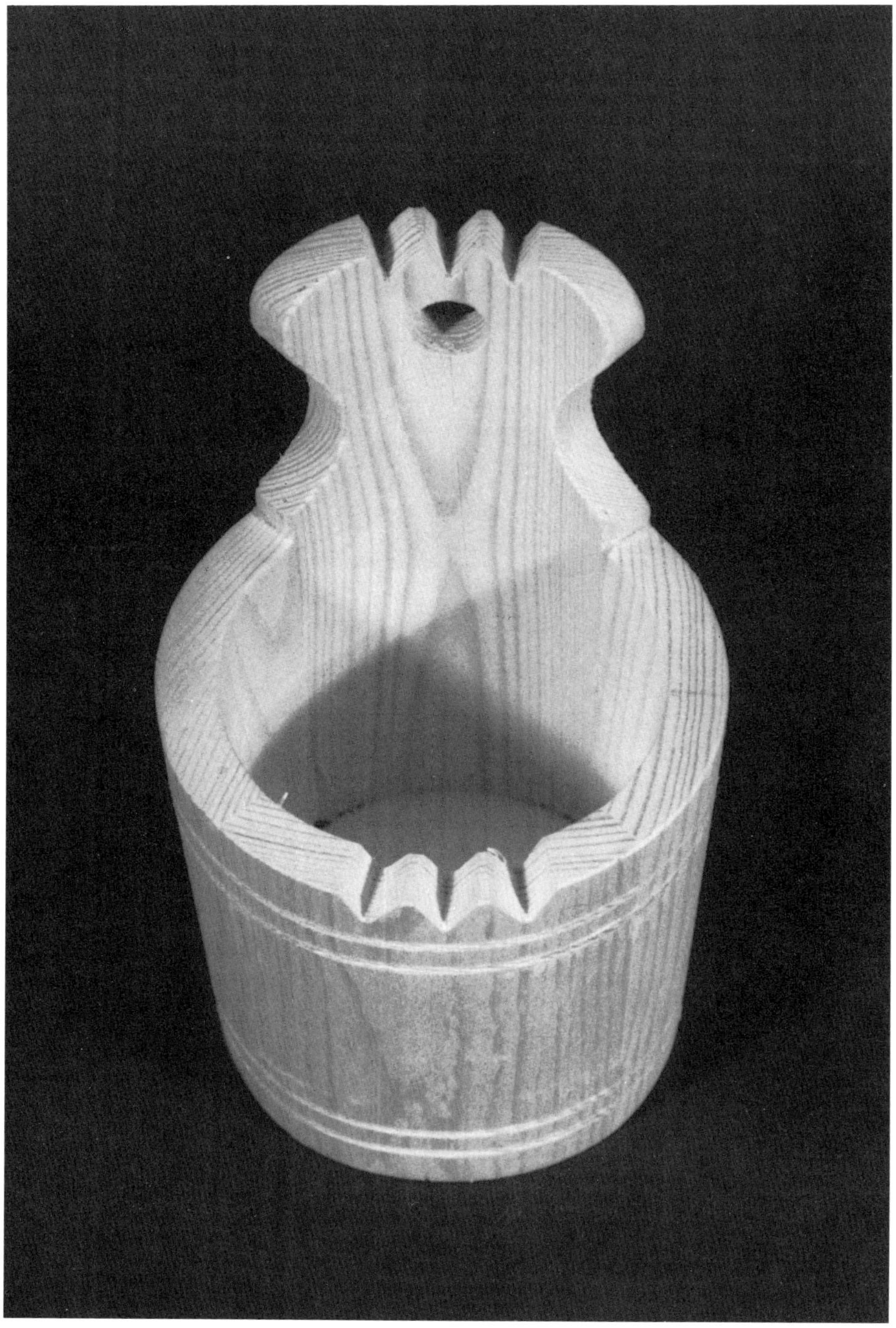

Ein Mehlfäßchen aus einem Stück Holz herausgedrechselt, erhielt seinen elegant geschwungenen Griff durch Raspeln und Feilen.

Um die Grifform spiegelsymmetrisch genau anzufertigen, empfiehlt sich der Einsatz einer Schablone.
Man schneidet ein gefaltetes Papier dem gewünschten Profil entsprechend zu, klappt es an das Holz und zeichnet die Kontur nach.

Die Randeinkerbungen ergänzen die Gestaltung des Körpers, der schon durch die gedrechselten Rillen eine Gliederung erfuhr. Aber auch diese könnte man feilen.

Nudelrolle mit Querrillen und Raster.

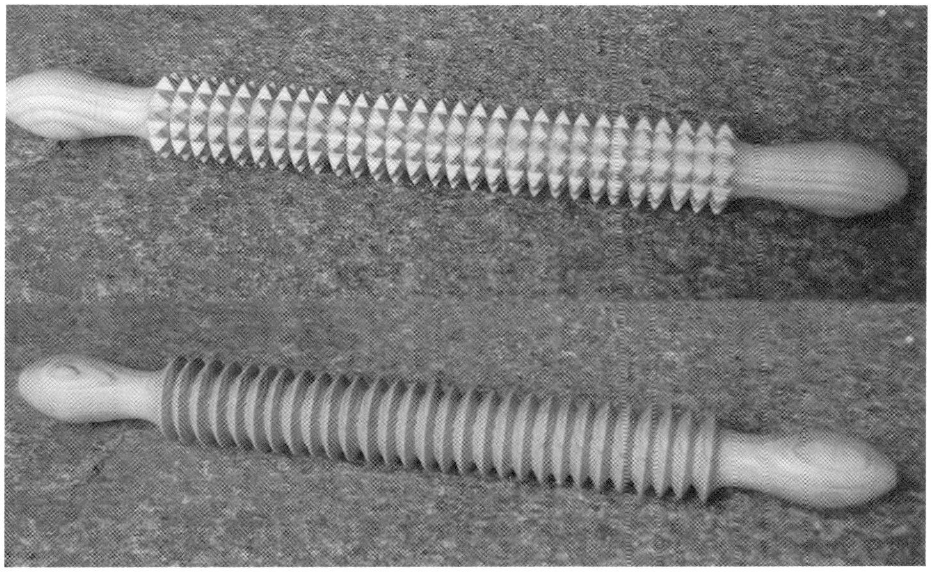

Der Fleischklopfer trägt eine gefeilte Struktur, die sich aus Addition von quadratischen Pyramiden zusammensetzt.

Der erste Arbeitsgang ist das Anreißen der Feldlinien mit dem Bleistift. Dann folgt das Feilen von Kerben über das ganze Feld parallel zueinander mit einer Dreikantfeile. Als Letztes schließt das Querfeilen genau gleicher Kerben an. So entstehen die Pyramiden mit ihren schönen Schattierungen.

Tabletts und Regale

Überall im Haushalt lassen sich Ornamente anbringen. Doch Vorsicht ist geboten!

Das rechteckige Tablett mit dem geschweiften Rand hätte nicht auch noch zusätzliche, recht willkürlich angelegte Querprofile erhalten müssen. Die anderen Beispiele dieses Seitenpaares sind eher zu begründen.

Der geschweifte Rahmen des rechteckigen Tabletts wurde zusätzlich mit der Feile geformt, dann erst durch Kerben geziert.

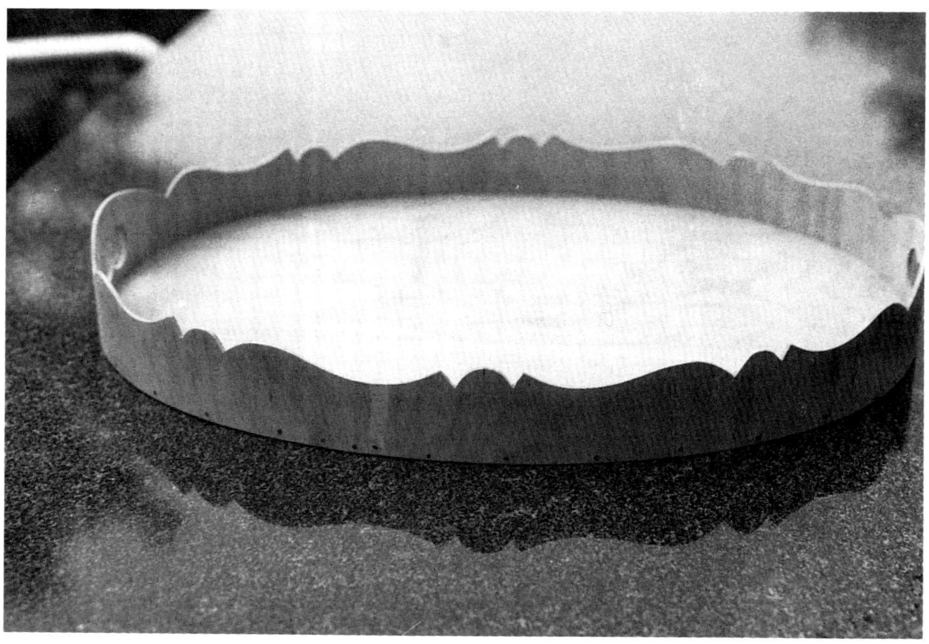

Das ovale Tablett mit einem Sperrholzband zeigt eine fast flächig wirkende Randgestaltung. Reizvoll ist der Kontrast zwischen der dünnen Holzkante und der tiefen Profilierung. Harmonisch gehen die geschwungenen Profile mit der ovalen Grundform zusammen.

Ein Tellerregal trägt eine Randleiste, die das Abrutschen der Geschirrteile verhindert.
Die Kantenzier nimmt Bezug auf die Rundungen der Teller und Tassen.

Der Löffelhalter hat eine Wandplatte mit allseitig geschweiften Kanten. Die Schlitze im Querbrett nehmen die Löffel auf. Die Hohlkehlen dazwischen stimmen mit der Löffelform überein und bilden so ein nutzungsspezifisches Ornament.

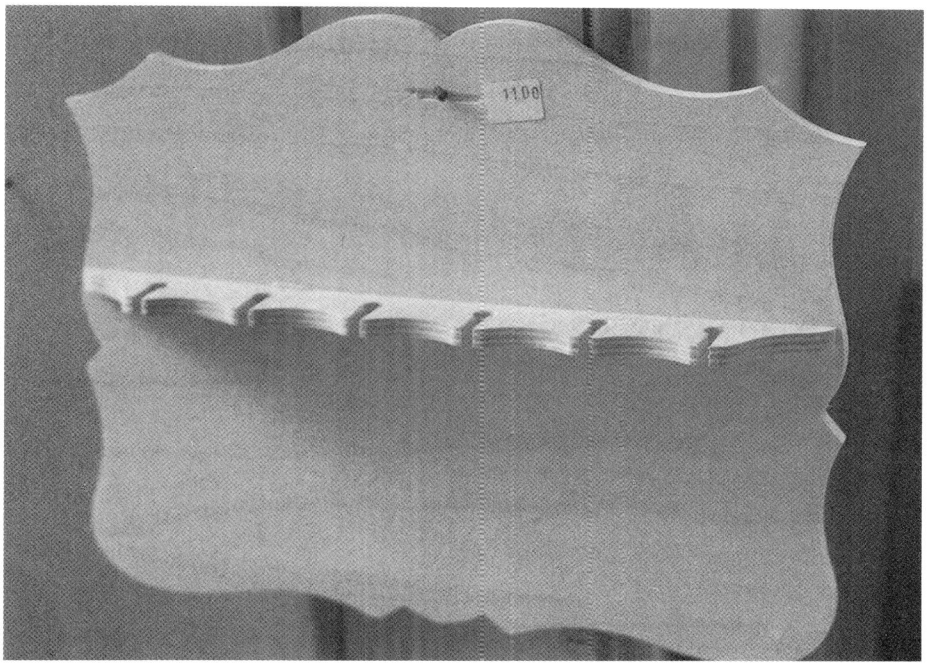

Der Kaffeefilterhalter entspricht in seiner Außenform den Papiertüten. Die Schrägkanten wurden als Diagonalraster über die Front weitergeführt. Die Randprofile der Griffkanten passen sich der gewölbten Form gut an.

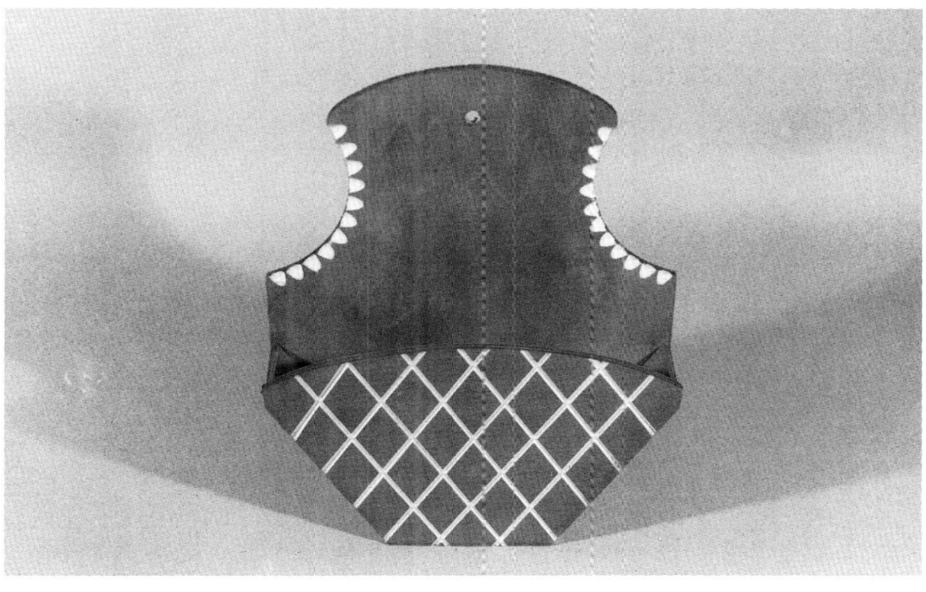

Kästchen und Schachteln

Es gibt sie in vielerlei Arten und Größen vorgefertigt zu kaufen. Sie fordern geradezu zur Gestaltung heraus.

Üblich ist es, sie zu bemalen, zu bekleben oder zu beschriften. Aber die plastische Formgebung mit der Feile kann zu reizvollen Ergebnissen führen.

Die Verzierung dieses Kastens ist quer und diagonal angelegt, läuft aber nur teilweise über Körper und Deckel hinweg. Die Profilierung schmückt nicht nur, sie beschäftigt den Beschauer, der ins Betrachten kommt.

Die durchlaufenden Profile lassen das Auge eher die Zwischenräume und Flächen abtasten als beim Kasten oben, wo der Blick an den Kanten verweilt.

Hier ist die Profilierung auf die Oberseite und die Kanten des Deckels beschränkt, der Körper selbst bildet einen ruhigen Unterbau.
Der Akzent liegt auf der unterschiedlich breiten und tiefen Linienausbildung.

Bei diesem Kasten läuft die Verzierung über Deckel und Körper voll hinweg. Längs und quer sind Kerben gefeilt. Die Deckelfuge ist angefast und betont die dritte Dimension. Die Besonderheit liegt in der asymmetrischen Anordnung der Linien.

Die Ausschmückung kann sich auch auf die Zone zwischen Deckel und Kastenrand beschränken. Diese Profile sind an der Stoßkante schräg angesetzt und laufen so nur ein Stück in die Flächen hinein.

Die diagonalen Linienscharen dieses Kästchens haben die gleiche Richtung, sind jedoch ungleich in der Anzahl.

Eine Rautenstruktur bedeckt diesen Kastendeckel.
Die diagonale Gliederung wird durch die schräg gegenüberliegende Feldausfachung noch verstärkt.

Gegenläufige Linienscharen überziehen den Deckel und den Körper dieses Kästchens.

Je enger Linien parallel zueinander verlaufen, um so schwerer ist es, sie genau zu feilen.

Ungenaue Linienführung fällt sofort ins Auge. Man muß sich also eine gute Ausführung zutrauen.

Die Körper von Schachteln sind aus Spänen gebogen rund. Die Deckel sind zum Abnehmen und werden übergeschoben.

Die Form der Behältnisse beeinflußt ihre Ornamentik. Die runden Schachteln tragen im Unterschied zu den rechteckigen Kästchen häufig zentrale Motive.

Ein sternförmiges zentrales Muster ziert diese Spanschachtel.
An den Kanten sind die Profilabstände recht groß, ein Zusatzornament könnte sie füllen, gefeilt oder gemalt.

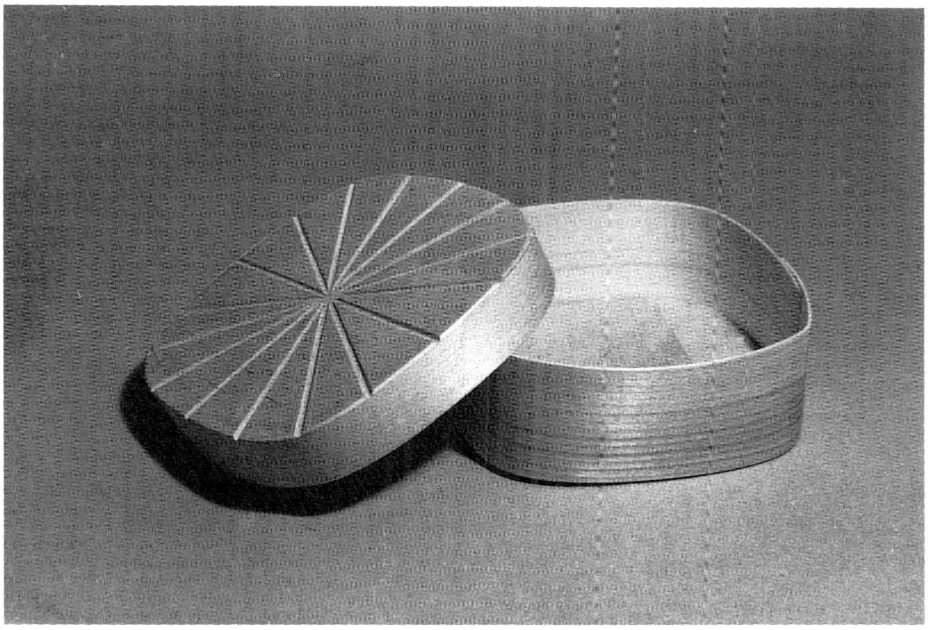

Ein diagonales Raster prägt den Deckel dieser Dose. Seine partielle Anordnung erregt Aufmerksamkeit. Das Auge wandert von den Linien zum Freiraum und wieder zum Raster.

Spielzeug

Spielzeug muß auch heute nicht immer nur technisch perfekt und kompliziert sein, viele Kinder leiden bereits unter Reizüberflutung.
Ganz einfache Dinge können pädagogisch recht wertvoll sein.
Gedächtnisübungen sind nicht nur für kleine Kinder wichtig.
Holzplättchen z.B. müssen nicht einmal farbig gestaltet sein, um ihren Zweck zu erfüllen.
Die Freude am Memory-Spiel beruht so stärker auf der Leistung zu erkennen, als darauf die Plättchen selbst gefeilt zu haben.

Peitschenstöcke zum Kreiselschlagen – sind sie wirklich so aus der Mode gekommen – jedenfalls fordern sie immer wieder heraus, dekoriert zu werden, warum nicht mit Hilfe einer Feile.

Plättchen mit Markierungen, die man beliebig variieren kann. Auf diese Weise läßt sich ein Memory-Spiel herstellen.

Dieser Würfel hat römische Zahlen. Sie lassen sich feilen. Die bei Würfeln üblichen Punkte hätte man bohren müssen.
So bestimmt ein Werkzeug die Ornamentik.

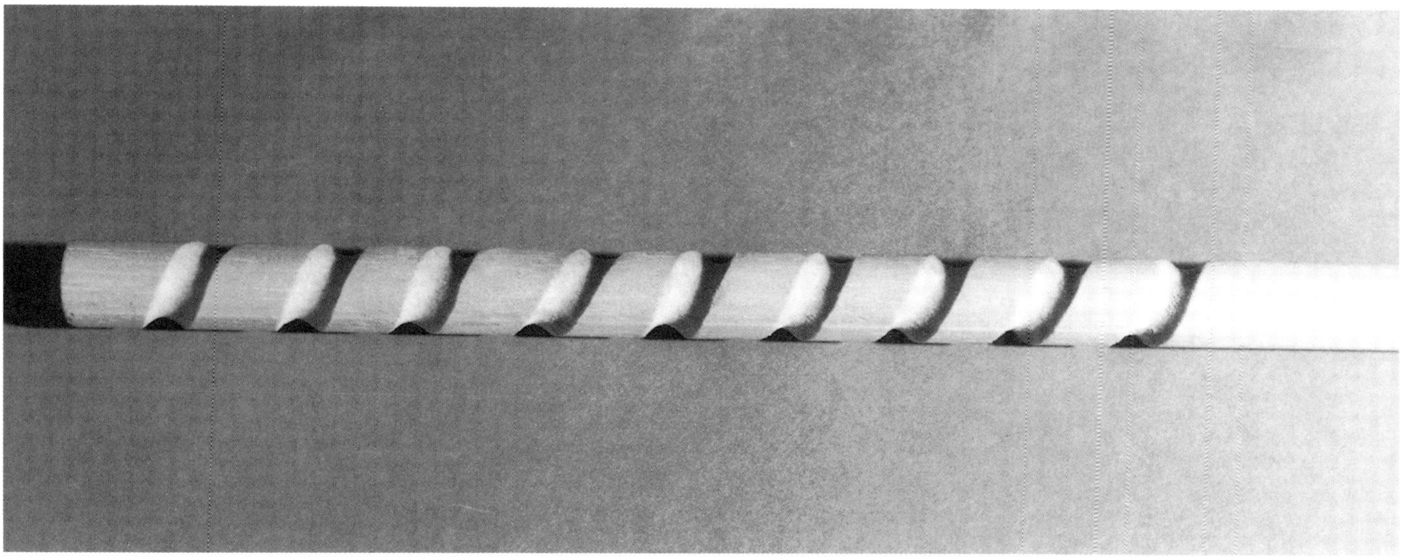

Ein Stöckchen wird von Kindern gern geschnitzt. Leichter läßt sich das feilen.

Spiralförmige Linien zu erzielen, ist schwierig, denn der Winkel soll eingehalten werden, damit auch die Abstände gleich sind. Einfach wird die Ausführung mit einem Faden oder Band, mit dem man den Stock umwickelt und an dem man entlangarbeitet.

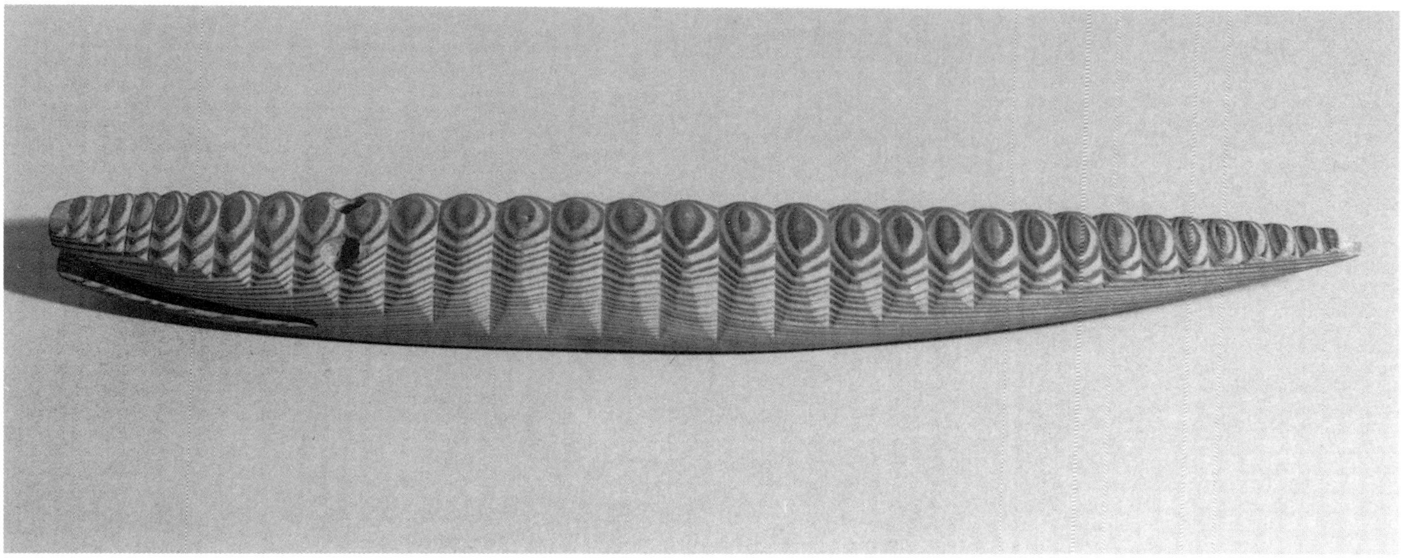

Das Krokodil soll anregen, Holzart und Maserung der zu feilenden Stücke zu beachten.
Leichtes Schweifen und Querfeilen bringen hier die Struktur besonders zur Entfaltung.

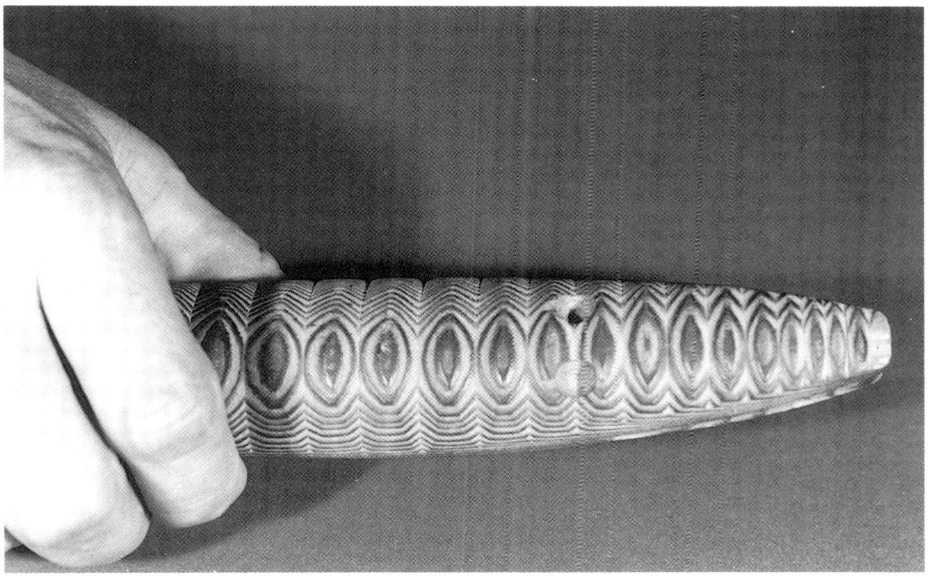

Leuchter und Bilderrahmen

Diese Dinge sind beliebte Geschenkartikel. Meist werden sie fertig gekauft. Persönlicher ist es jedoch, solche Gegenstände durch eigene Ergänzungen zu verbessern oder sie ganz selber zu schaffen.

Kerzenhalter versieht man gern mit Kanten- und Flächenornamenten.

Bilderrahmen können aus zwei verschiedenen Leisten selber gebaut weden. Sie lassen sich längs wie quer verwenden.
Gefeilte Ornamente sollen meist die Rahmenwirkung noch steigern. Schnell wird das zuviel. Man achte sehr auf das Bildmotiv, von dem nicht abgelenkt werden darf.

Kerzenständer mit gefeilter Randverzierung durch Hohlkehlprofile.

Hängeleuchter mit diagonalem Rasterornament. Das Anreißen solcher Profilierungen muß ebenso sorgfältig ausgeführt werden wie das Feilen selber.

Bilderrahmen aus Leisten, selbstgebaut zum Stehen und Hängen. Das Wellenprofil der Kanten ergibt eine freundliche seitliche Begrenzung.

Im Beispiel daneben hat man eine Mittelbetonung vorgezogen.

Die Längs- und Querrahmen sind in diesem Fall mit gekerbten Profilen nur stückweise verziert. Das sieht hübsch aus, ist jedoch für den Verwendungszweck zuviel.

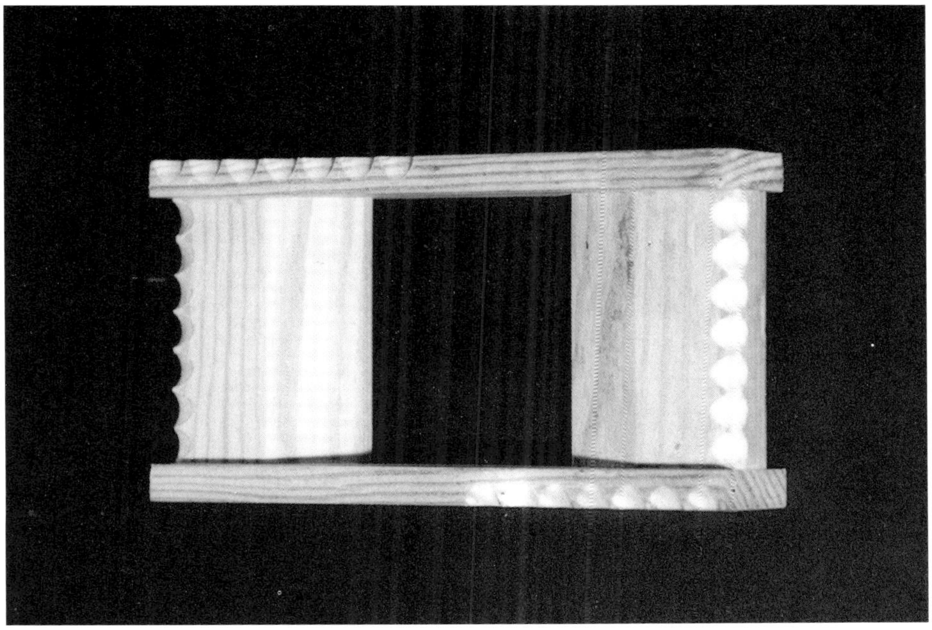

Die Kanten sind hier spiegelbildlich schräg gefeilt, was die Achse des Bildes nachdrücklich hervorhebt.

Stuhlgestaltung

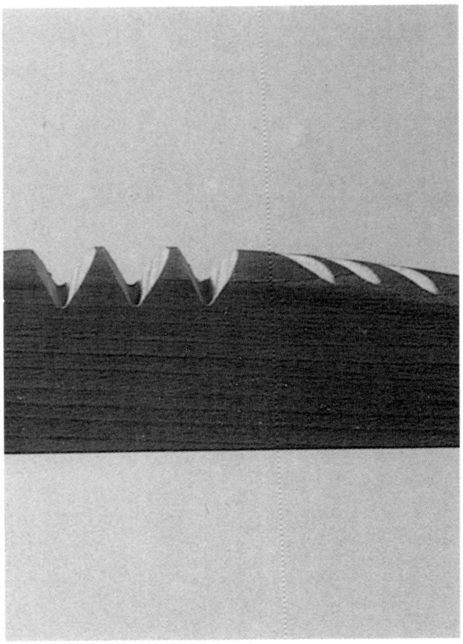

Sitzmöbel sind wichtige Einrichtungsstücke.
Mit Lust und Liebe werden sie oft besonders dekoriert. Der Sessel auf der rechten Seite stammt aus der Zeit des Jugendstils, er ist ein schönes Beispiel für die feinsinnige Anordnung und Ausbildung von Profilen.

Die Lehnenteile wurden vor ihrem Verleimen zwischen den Pfosten an den Kanten wie auf den Flächen mit gefeilten Ornamenten versehen. V-förmige Kerben durchkreuzen die Längsprofile, schaffen aber zugleich ihre Querverbindung.

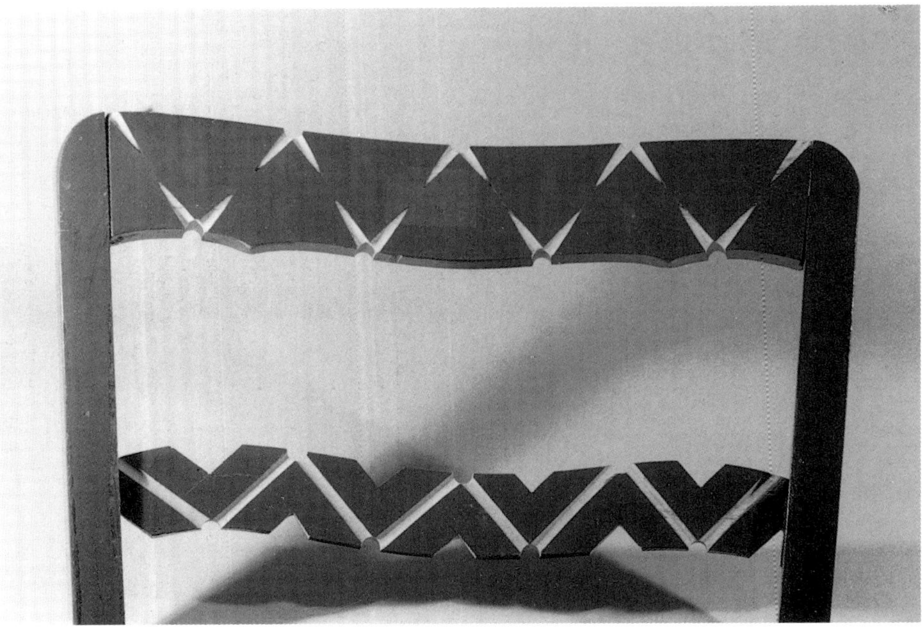

Nachträgliche Verzierungen an einem alten Stuhl.

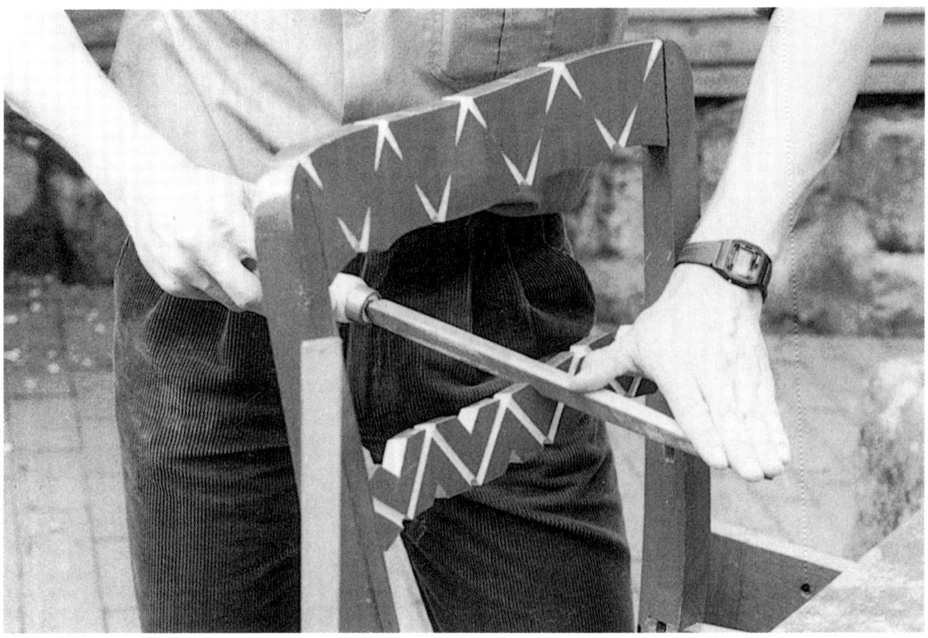

Hohlkehlenornamente, stückweise oder durchlaufend angeordnet, ergeben jeweils ein völlig anderes Bild.

Die Hohlkehlen wurden mit der Rundfeile, die Kerben mit der Dreikantfeile ausgeführt.

Historisches Vorbild:
ein Jugendstilstuhl aus der Heide.

Die Zwischenräume sind durch ein feines Kantenprofil gemildert. Die Flächen tragen Linien, Kerben und Einschnitte.

Stuhllehnenprofile am Kopf der Pfosten und an der Kante des Querstücks. Gerundete und eckige Formen stehen im Wechsel und erzeugen Spannung.

Zargenprofil unter dem Sitz, geschweift und gekerbt.

Jede Zeit findet ihre Aussagen. Diejenigen abgeschlossener Stilepochen nachzuvollziehen, ist nicht schöpferisch. Vorbilder sollten zu eigenem Tun anregen, nicht zum Kopieren.

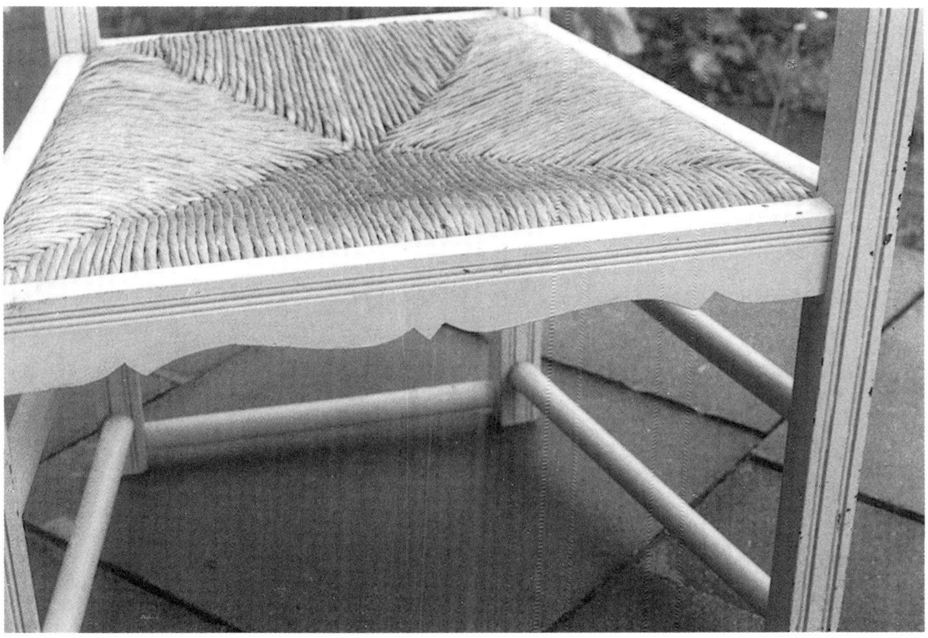

Rahmen und Füllungen

Rahmen werden für viele Zwecke geschaffen. Kleine Bilderrahmen wurden schon besprochen. Größere Rahmen benötigt man z.B. für Spiegel. Auch Möbel und Türen können in Rahmenbauweise konstruiert sein.

Die Rahmenstücke tragen im allgemeinen Längsprofile.

Gefeilte Verzierungen lassen sich vor allem an den Rahmenkanten anbringen, aber auch, vor dem Zusammenleimen, an den Gehrungsfugen.

Profile am Gehrungsstoß im oberen Bild mit kurzen Kehlen, im unteren mit längs auslaufenden Kerben.

Vor dem Zusammenschluß der glatten Bretter wurde die Fuge durch Feilen gestaltet, oben mit einer Halbrund-, unten mit einer Dreikantfeile.

Die Profile sind einmal rechtwinklig zur Gehrungsfuge und einmal spitzwinklig angeordnet.

Für gefeilte Profile an Rahmen gibt es viele Einsatzmöglichkeiten, von Bild und Spiegel über Möbel bis zu Zierstücken an Einbauten.

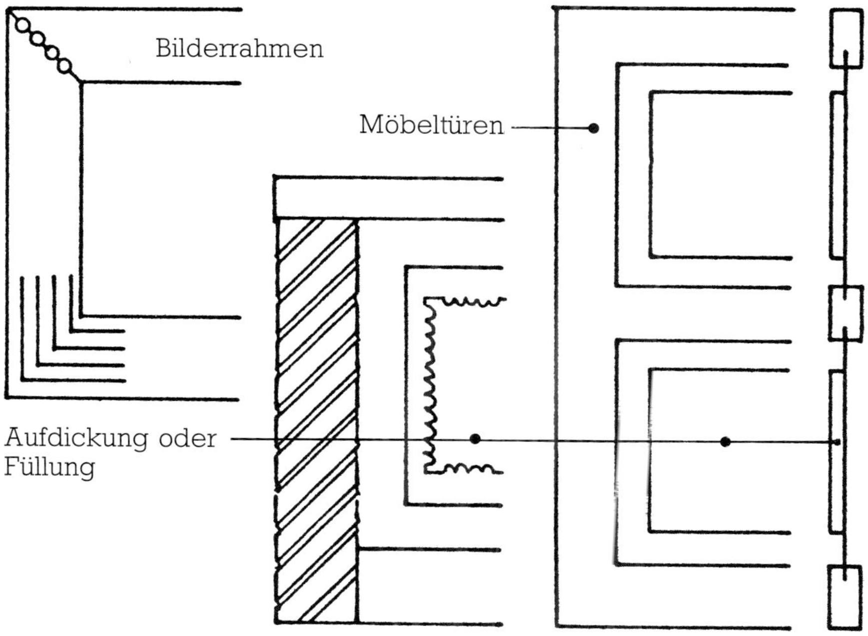

Die Kantenzier der Türrahmen und Füllungen ist sehr variabel.

Eine Rahmenwirkung kann z.B. durch das Aufdickten von Zierleisten oder kantenprofilierten Flächen erzielt werden.

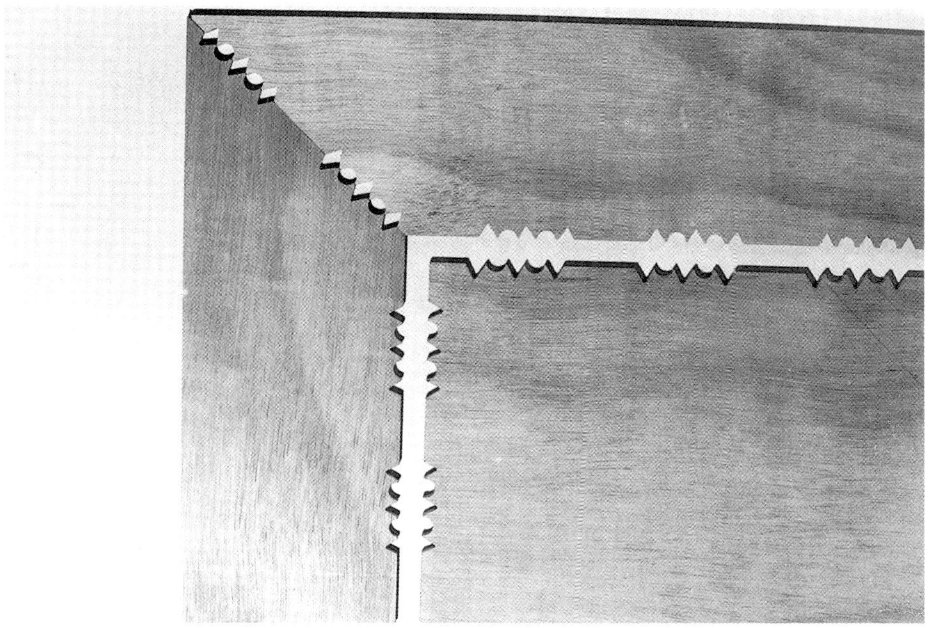

Der Zwischenraum von Rahmen und Füllungen führt u.U. zu einer bandartigen Kontur. Das muß gestalterisch beachtet werden. Die Wirkung eines geplanten Musters läßt sich vorher mit Pappstreifen probieren.

Schranklisenen und Gesimse

Gerade alte Schränke eignen sich für eine Verzierung mit profilierten Leisten.
Die Kranzrahmen oberhalb der Türen sind hoch und bieten Platz, ebenso die Seitenlisenen.

Möbelgestaltung kann auf diese Weise bis zur Möbelerneuerung führen. Eine Chance also, auch als Sperrmüll deklarierte Stücke wieder einer Nutzung zuzuführen.

Schranklisenen wurden hier mit Halbrundstäben besetzt. Die Ornamente sind quer oder diagonal, durchlaufend oder stückweise eingearbeitet.

Ein Kranzgesims erhielt Leisten mit diagonal gefeilten Profilen, welche auf der Spitze stehende Quadrate bilden (Bild links).
Der Profilzusammenstoß übereck verdient besondere Beachtung.

Auch als einzelnes Element (Bild rechts) verändert das Diagonalmuster den Gesamteindruck wesentlich.

Eine Schranklisene mit Profilleistenverkleidung doppelt gespiegelt. Die Bretter wurden einzeln gefeilt und dann verleimt.

Die Türbekleidung einer Altbauwohnung wurde durch das Aufdickten in Fischgratmuster zusammengesetzter Leisten verschönert.

Die Beiträge überzeugen durch ihre Einfachheit, die sich als sehr ausdrucksvoll erweist. Die Dinge müssen also durchaus nicht kompliziert sein, um anzusprechen. Diese Erkenntnis sollte man sich zum Prinzip machen.

Flächendekorationen

Durch Leisten mit Kantenprofilen lassen sich Flächen an Möbeln, Einbauten und allen ebenen Bauteilen dekorieren und verändern. Die Profile können gespiegelt und versetzt werden, die Fugen geschlossen oder geöffnet sein. Die Anordnung kann vertikal, horizontal, diagonal erfolgen.

Rohmöbel können so gesteigert, Altmöbel renoviert, neue Stücke in Eigenbauweise gestaltet werden.

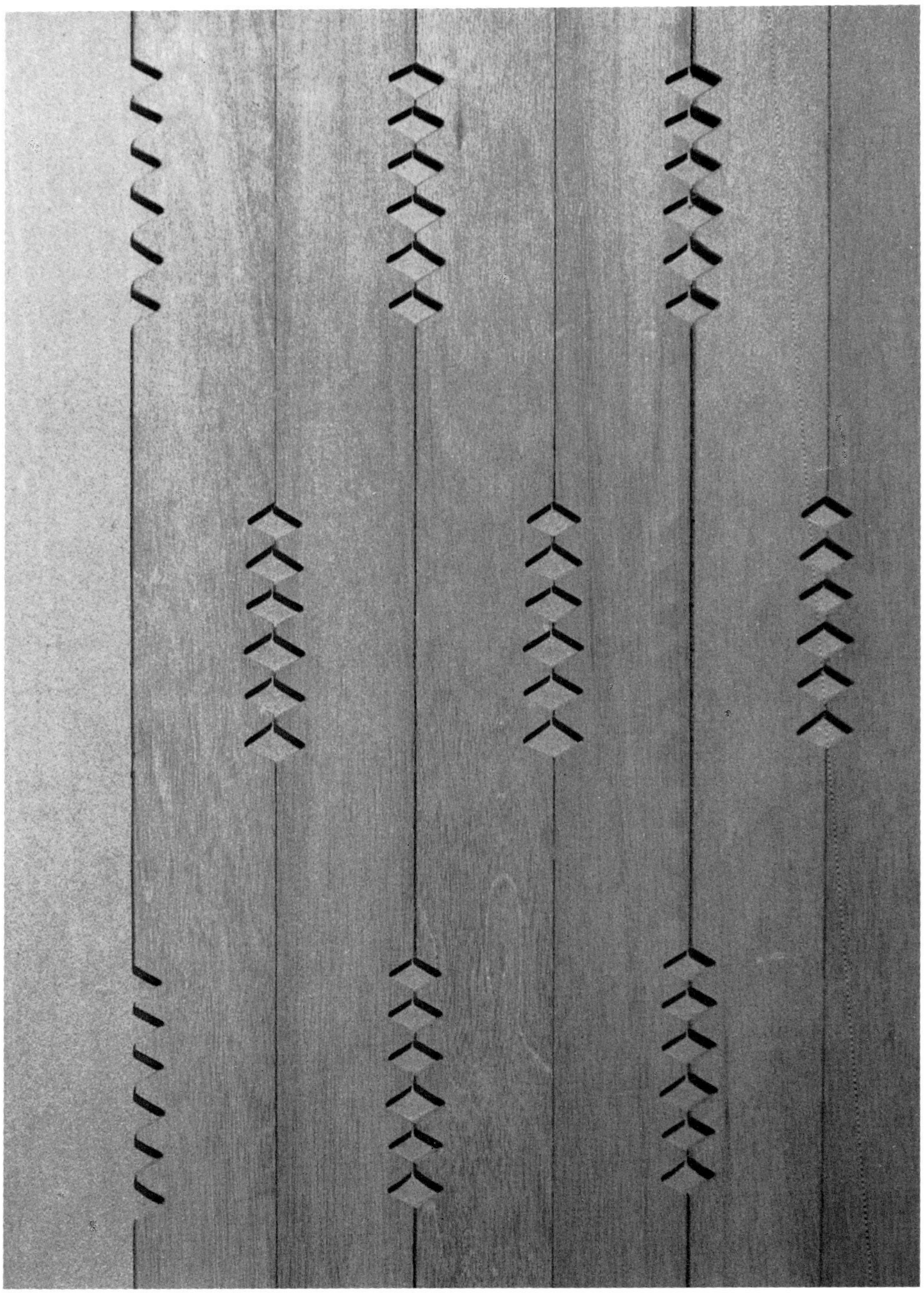

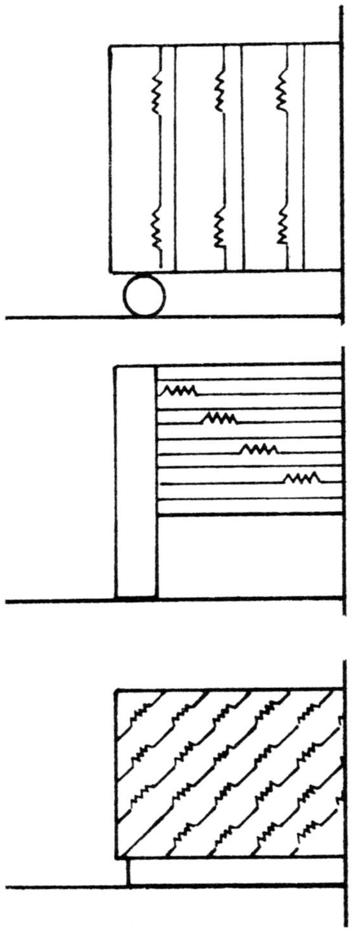

Befestigt werden die Leisten durch Aufkleben oder verdecktes Schrauben von links, je nach Stärke und Breite des Holzes.

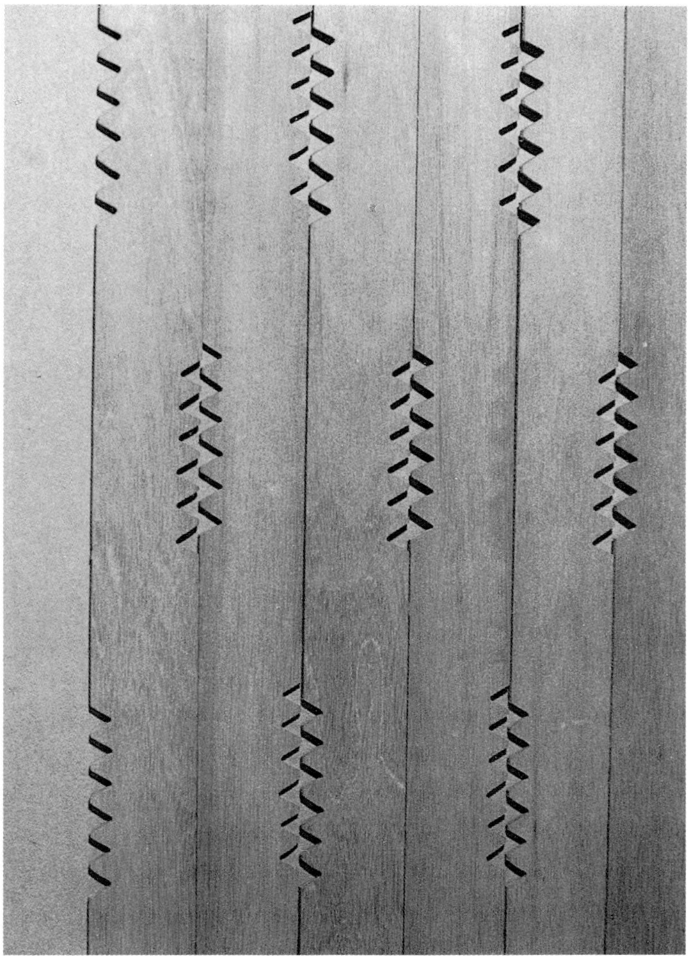

Die Profile wurden hier gespiegelt und versetzt. Ein Zickzackmuster ist die Folge.

Gespiegelte Profile mit offener Fuge haben Bandwirkung und zeigen eine verstärkte Vertikalbetonung. Die Farbgestaltung des Untergrundes bietet sich als zusätzlicher Effekt an.

Der Grund könnte gebeizt gestrichen, beklebt werden oder auch aus einem anderen Material bestehen.